# Excelerate SPANISH

by

Caryn Powell Hommel

This book is dedicated to my children--

My beautiful children Nathan, Kristin, Caleb, and Grace;
Our ever-growing family of international exchange students;
And scores of hardworking students who have graced my life over the years.

Many thanks go out to the men and women whose work transformed my teaching--

Dr. Stephen Krashen
Dr. James Asher
Blaine Ray
Joe Neilson
Ramiro García
Contee Seely
Elizabeth Romijn
Luz Frye
and
Everyone on the More TPRS listserv!

To my brother-in-law Philip—
Thank you for your artwork.

To my husband Greg—
Thank you for always believing in me.

# Table of Contents

# Pedagogy
## For the Teacher, the Tutor, and the Curious

*Part One*
*Real Language, Real Life?*

It doesn't take a linguist or an educational researcher to recognize the near-universal frustrations with second language learning: Pick a few adults at random, ask them to recall their experience in the foreign language classroom, and have them rate their own current level of proficiency. Far too many will sadly shake their heads and mouth the oft-repeated phrase, *"I took x language for years-- can't speak a word."* (Walsh, 2005).

These same adults once memorized entire lists of vocabulary, conjugated scores of verbs, and studied countless grammatical points, among other things... often representing a time investment of hundreds of hours! What happened to all of that information? For too many, retrieving their L2 knowledge is a scoffed-at proposition, nothing at all "like getting back on a bicycle." So what in the *world* is the problem?

Before anyone attempts to answer that question, a couple of pertinent facts ought to be pointed out: (1) Almost no one fails to acquire, "learn," and maintain proficiency in his first (native) language, and (2), Our ability to return to the old, familiar seat, handlebars, and pedals of a bicycle and to successfully achieve forward motion-- even after long periods of little to no practice-- demonstrates that we are capable of retaining and applying information. The good news is that our brains are wired to learn languages, and our brains are wired to remember and *use* what we know.

Think back on the methodologies that you employed when you learned to ride your bike. Did you read an instruction manual on bicycle riding? Listen and repeat key phrases in unison with 30 classmates? Memorize the contents of flashcards? Complete worksheets? (Please note: if you did happen to do those things when you learned to ride your bicycle, please don't admit it. See, *that's* just not natural).

No, it's very likely that your bike-riding lessons were far more hands-on than most foreign language classroom activities. Although, to be fair, those bike-riding "classes" probably started with heavy doses of *observation*: maybe you spent long hours envying the mobility of neighborhood kids on their bicycles, or you chased after siblings who could pop wheelies just as easily as they popped bubble gum. Perhaps you watched young movie stars pedaling their way through films like *E.T.* and *Better off Dead* (showing my age here... oops). However it happened, you were shown by example first.

Once you clambered onto your bicycle, the real work began. If you were so lucky as to have a good support system, then parents or siblings or friends shouted encouragement and instructions as you labored to take off, achieve balance, gain momentum, turn left or right, or stop your bike. Eventually, muscle memory began to move these processes from the deliberate to the automatic, until before you knew it, you could ride your bike and toss newspapers, or ride your bike and carry on a conversation. Riding the bicycle became second nature.

What I'm hoping will become obvious here is that there is a correlation between doing things *physically* and internalizing them *mentally*. If you merely read about bicycling, worked through written exercises on the subject, and viewed video clips of others riding, how fun would that be? How could you be expected to show prowess on a real bike? If your practice on an actual bicycle were limited to a short series of mechanical movements in a boring, sterile environment in which everyone took turns instead of riding together, how might that affect your own assessment of your mastery, or your desire to continue pursuing the sport?

Yet, don't so many foreign language curricula choices separate real language from real life, from real contexts, and from real social situations? Mindless drills, repetitive grammar exercises, and lame dialogues characterize too much of the "best available" choices… yet we have set these things before our students anyway! What have we been thinking?

What is it that makes bike riding exhilarating? What turns pedestrians into cyclists? For most, it's not the theoretical; it's the practical, the tangible, the real-life perks of riding a bicycle. It's whizzing to, through, and past *interesting places,* accompanied by *interesting people,* and with the goal of *doing interesting things* upon arrival. It's *all real life, all context,* and often, extremely *socially gratifying.* This description sounds a lot like first language acquisition, but almost nothing like second language learning as we have known it. We have changes to make!

## Part 2
### Moving in the Right Direction

Over the past several decades, brilliant researchers such as Dr. James Asher, Dr. Stephen Krashen, and Mr. Blaine Ray, among many others, have made available to us a wealth of information and practical methodology providing tangible ways to improve the effectiveness of second language instruction. The techniques that they have painstakingly tested, fine-tuned, and documented have *incredible* value and represent some of the very best developments in foreign language instruction in modern history.

Dr. Stephen Krashen, professor emeritus at the University of Southern California, has spearheaded countless studies to increase our understanding of *how the brain naturally acquires language.* These studies yielded multiple valuable concepts such as the acquisition-learning hypothesis, the input hypothesis, the affective filter, and the natural order hypothesis. Dr. Krashen's discoveries led to experimentation and applications that have astounded educators around the world with the resulting gains in proficiency (Scott, 2003).

Dr. James Asher, originator of TPR (Total Physical Response), formulated his novel and successful approach over the course of thirty years of laboratory research. With degrees and training in linguistics, educational research, and psychology, Dr. Asher integrated his acumen in the field of psychology with well-defined multi-sensory teaching methods that *actually resemble children's early experiences in language learning.* Students learn by observation and participation, generally hearing and interacting in a language-rich environment for weeks before they are expected to produce utterances. TPR is therefore "brain compatible" (Asher, 1996, p. 6-1), and its quantifiable results continue to inspire auspicious educational programs in numerous countries.

Mr. Blaine Ray created his method, TPRS, in the 1990's in his high school classroom in California. TPRS (once Total Physical Response Storytelling, later known as Teaching Proficiency through Reading and Storytelling) *combines thoughtful applications of Dr. Krashen's research with the motions and gestures of Dr. Asher's TPR, and further unites all of this with the power of storytelling* (or story-asking, as Mr. Ray might say). The meaningful contexts and interactions, personalization, and (frequently) bizarre scenarios afforded by TPRS truly captivate students' attention and enhance retention. The inclusion of leveled reading selections for practice and discussion allows for additional comprehension checks and assessments. Students who learn via TPRS tend to experience high levels of success and feel confident and positive about their ability to communicate in the L2 (Neilson and Ray, 1997, p. iv).

Now we're getting somewhere!

## Part 3
## Why Excelerate?

Over the course of ten years as an "eclectic" public school teacher, I used various traditional foreign language curricula, but I supplemented with my own creative ideas and tried to vary my approach in order to appeal to all learning styles. In spite of these efforts, it seemed to me that too many of my students *failed* to achieve. When I brought my concerns before my department chairperson after my first year, she assured me that my numbers were about average for our county, that those results were to be expected. In the years that followed, I observed that my colleagues shared this experience. Some of them adopted rather hardened attitudes about their students' lack of success. A fellow L2 teacher once told me, "These are the college-bound kids. We are not asking anything of them that they cannot do." But was that the truth?

After the birth of my third child, I became a stay-at-home mom, and while pregnant with my fourth, we began homeschooling. When I was ready to begin teaching Spanish to my own children, I selected a traditional textbook from a reputable Christian publisher. We were all brimming with enthusiasm; I was totally convinced that with the lower student-teacher ratio, with my own motivated children, and in our own comfortable setting, we were sure to succeed! Yet, after several weeks of our most honest endeavors, I noted results that were all too familiar-- my children were frustrated. They weren't internalizing the vocabulary; they didn't understand the grammar; they performed poorly on quizzes and tests. They appeared to need remediation already!

The realization *finally* struck me that the problem had never been the students, or the teachers' zeal, or the classroom setting itself. The simple truth was that the formal, traditional teaching methods that my colleagues and I had learned *just aren't very effective*, even in the best of circumstances, and even with (almost perfect) children such as my own. No, there was a connection somewhere that was missing, something that I believed existed somewhere but needed to be applied. I knew it was possible for human beings to become proficient speakers of second (and third, and fourth) languages-- it has been done enough times to prove that. Surely there had to be a way that would, put simply, work better for more people.

They say that "necessity is the mother of invention," but thankfully, I didn't need to invent the solution-- it was ripe for the picking. Dr. Krashen, Dr. Asher, Mr. Blaine Ray, and others had *already* discovered and implemented highly effective teaching methods with students, had *already* verified the results, and had been sharing their success for decades. I was even somewhat aware of their research and methods-- my college "methods" course had provided an overview of these (along with others), and our state foreign language conference included the occasional seminar on them-- but I had *never met any foreign language teacher who had figured out how to apply TPR (let alone TPRS) consistently over the course of a year or more.* Even when we supplemented, my colleagues and I were fairly "stuck" in the traditional/formal realm.

There were, of course, multiple reasons why I hadn't regularly employed approaches such as TPR and TPRS during my years of public school teaching. I did take a stab at some TPR activities a few times, but those incidents were rather isolated, as I viewed TPR as just one of a variety of methods. (After all, that's how it had been presented to me). TPR was-- and still is, I suppose-- *unconventional*. I lacked the confidence to *totally* scrap the textbook's scope and sequence along with its drills, scripted conversations, and conjugation exercises; to abandon all of that represented a leap of faith I had never seen anyone demonstrate! Besides, I prided myself on being eclectic enough to make up for it. And in any case, trying to incorporate TPR as a primary approach *without* the benefit of a mentor whose lessons I could observe and imitate? Well, that was just too daunting. (Please note that this was during the era prior to youtube and other prominent Internet sharing sites that we so enjoy today!)

My closest brush with TPRS during those public school days was at a workshop conducted by my own former high school Spanish teacher, Luz Barefoot Frye (who is and will always be much beloved in my heart). She was retired at the time but was enjoying teaching ESL classes to a community of motivated adult learners, and she had become an advocate of TPR in particular. Luz gave the attendees of our workshop a gift of several books: Dr. Asher's book, <u>Learning Another Language Through Actions</u>, Ramiro García's <u>Instructor's Notebook: How to Apply TPR For Best Results</u>, Joe Neilson and Blaine Ray's <u>Mini-Stories for Look, I Can Talk</u>, and <u>¡Viva la acción! Live Action Spanish</u> along with <u>TPR is More than Commands</u>, both by Contee Seely and Elizabeth Romijn.

Though I was eager to receive any instruction that my respected mentor gave, it just so happened that Luz *lost her voice* prior to the seminar. She made an earnest attempt to convey the ideas and to share her enthusiasm anyway, but the combination of the complex subject matter, the brevity of the workshop, and my inability to hear/understand her left me feeling unclear on the logistics, even though I was intrigued. Also, maybe I was a little too proud to ask for help, to admit that the concepts that both she and the books introduced seemed too difficult to me. But, the good news is that I held onto those books!

Fast forward seven or eight years to 2007. My failed experiment in teaching Spanish to my children using the traditional xyz textbook (name withheld) had compelled me to, at last, tackle those methods which had so intimidated me. I devoured the TPR books first, especially Dr. Asher's book (referenced above) as a guide for my research. He claimed that TPR worked; I wanted to know how and why it worked, and whether I could use it myself without making a mess of things!

Once satisfied, I turned to two of the other books for actual lessons. Mr. García's <u>Instructor's Notebook: How to Apply TPR For Best Results</u> and the <u>¡Viva la acción!</u> book seemed straightforward enough, so I explored them for lesson content. I quickly recruited several small classes of homeschool students from families in our community; each class would meet for only one hour per week. With so little time to devote to our meetings together, I knew that the potential of TPR would be sorely put to the test. I used

Mr. García's book in the classes I taught from my home, and the ¡Viva la acción! book in a co-op class. And what a smashing success, right from the very beginning! I was completely sold on TPR from that point on, but even better, my *students* were thrilled with their own feelings of confidence and success.

Here is an excerpt from a letter I wrote to the parents of the students from those first TPR classes:

> "My students are such a joy! Their accomplishments are wonderful (and fun) to behold. I am pleased to say that most of the students, without hesitation, can carry out (respond to) lengthy and varied command series, such as: *"De la vuelta, siéntese, toque la nariz, salude la bandera de los Estados Unidos, y rásquese el estómago con la mano izquierda."* This is unheard of in typical Spanish classes after fewer than 40 total hours of instruction! Indeed, much of this sort of practical, conversational vocabulary is not learned in school at all. I am very proud of all my students! And I treasure my memories of our moments of laughter (yes, even the embarrassing ones!)"

Everything had gone very well, but when the spring of the next year came around, the students seemed a little restless with the program. I sensed that they were ready to do *more*. So, I took a deep breath, pulled out Joe Neilson and Blaine Ray's TPRS mini-stories book, and gave the first lesson-- the first mini-story, along with all the associated vocabulary-- a whirl. Honestly, I wasn't altogether sure whether I was doing it right, or whether Mr. Ray would even approve of the lesson, but I had to try. And once again, success! The students were smilier that day than I'd ever seen them, we had incredible fun in class, and they began speaking *in paragraphs*. The words just kept coming and kept coming-- it was unlike anything I'd ever seen.

That first experience with TPRS prompted me to email a letter to a former department chairperson. I wrote, "After one hour of exposure to mostly new vocabulary, the students were speaking using multiple, well-constructed paragraphs, narrating a story without any guide words, even embellishing the story. Each time they were called upon, they added increasing levels of detail. I was amazed!" (August 2008). I had all the evidence I needed now to bridge over to TPRS; I wanted to learn everything I could about it and to do it correctly. In my mind, there was no way I could be sure of that until I observed TPRS in action from someone who had had real training in TPRS. I needed an expert!

Fortunately, my Internet searches turned up two teachers who were using TPRS in the state of North Carolina. (BTW, that fact should also serve to demonstrate how *slowly* change moves through the educational establishment, as there are hundreds and hundreds of L2 teachers in this state). I contacted the closer of the two, a French teacher named Liz Skube, and arranged for a classroom visit. I observed two classes that day, and how the time flew! Her French lessons were *magnifique*, her students looked relaxed and happy, and French language was flowing everywhere, from everyone. These students had real proficiency, and they *loved* it. In truth, even I was mesmerized-- although I had come to see her out of my desire to learn the *method*, the experience also made me long to learn to *speak French*.

The biggest challenge facing me now was that whereas my public school colleagues had five or so hours per week to work with their students, I was limited to one; yet at the same time, Blaine Ray, the creator of TPRS, recommends introducing no more than three to four words/phrases per class (Ray and Rowan, 2004, pp. 2-4, 8). This guideline poses no problem for teachers who have 180-ish hours per year, so it's a great rule of thumb for certain public school classrooms and makes for a very comfortable pace. *I just didn't (and still don't) have the same luxury of time.* Somehow, I needed to find a way to *accelerate* the acquisition process without increasing stress and without sacrificing retention.

It was at this point that the habits I had acquired while using the ¡Viva la acción! book produced the most fruit. ¡Viva la acción! had encouraged-- no, required-- heavy amounts of Total Physical Response (TPR) during each lesson. My students did not experience TPR burnout (also known as "adaptation," or essentially, resistance) because the contexts were always fresh, and the variety of props commanded interest. In one lesson, for example, we sliced and ate cheese; not just any cheese, but delicious, homemade Amish cheese! (Incidentally, a student who participated in that series surprised me when she still remembered and *produced in conversation* the word "*pedazo*," the Spanish word for *piece,* which we had learned during the "cheese lesson," over *three years later*-- and she'd had only one exposure to it!)

My experience with the lessons of ¡Viva la acción! confirmed to me Dr. Asher's claims-- and my convictions-- that TPR is indispensable when it comes to acquisition and retention. And my experience with Joe Neilson and Blaine Ray's Mini-Stories demonstrated the power of story for loosing tongues and pressing towards proficiency. *The program I needed would marry these two and retain them as the principal players.* However, it seemed that as TPRS had evolved, it began to rely more on PQA (personalized questions and answers) than on TPR. This shift is understandable (and perhaps even necessary) due to the type of schedule that many TPRSers enjoy. Longer circling (questioning) techniques are, perhaps, more easily afforded by the quantity of time available in those classes. But given the needs and constraints of my own classes, of homeschools in general, of certain adult classes, etc., I realized that *TPR, TPR series, and drama/story must take center stage during instructional time, period.*

Although the book you are holding was written with an alternative educational setting in mind, there are many potential uses for the *Excelerate* program in public and private school classrooms. You might choose to teach these lessons prior to beginning a school or department mandated program in order to give students a "leg up" towards proficiency to aid them later. You might teach the *Excelerate* lessons once or twice a week for 24 weeks while using another program during the remaining days. If you have purchased the accompanying videos, you may use the lessons of this series as sub plans (no need for a bilingual substitute teacher *or* boring busy-work *or* mayhem). In the absence of a qualified foreign language teacher or program, you may use the videos, textbooks, and workbooks as your school's beginning Spanish program!

If you have never taught with TPR or TPRS (or even if you have), please keep in mind that *the procedures for teaching these lessons are not intuitive*! It is essential to *read and understand* the procedures in order to best present this material. If you can, access the lesson videos until you feel you are ready to go on your own. (Note: The lesson videos demonstrate most of the procedures described in the next section, but not all activities will be shown for every lesson. Feel free to omit certain activities listed in the procedures list if you sense that students are ready to move on; also feel free to repeat activities if this would benefit your students).

In closing, I'd like to thank you for reading my testimony. I pray that it may resonate with you and motivate you to bless your students (and your own life and career) with a kinder, more enjoyable approach to teaching language. The lessons are fast-paced and loaded, but as modern students have become increasingly accustomed to a fast-paced world chock-full of stimuli, I believe they will step up to the plate. This book represents my earnest attempt to provide you, the teacher, with new teaching material that will simultaneously *accelerate* fluency and promote *excellence*.

Best wishes to you and your students as you *excelerate* SPANISH!

*Part 4*
*Some Nitty-Gritty Details*

Some TPR *series* rely almost exclusively upon tú or Ud. command forms. These are definitely useful in numerous situations, but in my experience, students taught in this manner tend to also insert command forms into their narratives instead of (appropriately) using the third person. While the students' erroneous statements are still comprehensible, the incorrectly placed commands do present a distraction to the listener, as they are unnatural sounding.

Use of the third person singular form is the most practical for a variety of applications-- importantly, it is the most suitable form for bridging to retelling (and/or merging into TPRS activities). In addition to providing the correct format for ordinary statements, the third person singular form is identical to the informal (tú) command form for regular verbs. One can also use the third person singular form to ask questions of anyone who should be addressed formally (as Usted, or Ud).

Therefore, in giving consideration to efficacy, value in daily communication, and versatility, the third person singular form is the most commonly used form in the series and skits of this book. Other forms/persons are introduced-- and practiced in context-- in the Excelerate SPANISH Workbook.

PROCEDURAL NOTES for Classroom Teachers: Mr. Blaine Ray recently developed the practice of placing his student "actors" in front of the classroom after a story/skit, asking them questions in tú form and giving them the opportunity to respond in first person. (One might also use the plural "you" in order to elicit "nosotros" responses). This is a fantastic idea, as it maintains the Comprehensible Input model, keeping grammar in context (i.e., exploring grammar for *communication's* sake). Do this often, and your students will acquire a greater recognition of and facility with these forms.

When you first begin to practice this technique and as you encounter irregular verbs, verbs with spelling or stem changes, new tenses, etc., you will need to coach students generously so that they will get the forms right. Alternatively, you could even provide them with a list of the yo forms they will need, if you know what questions you will ask ahead of time. Many of the questions in the section following the skits can be adapted for this purpose, but asking your own creative questions will spice things up nicely.

As you grow in confidence with the method, you may wish to incorporate "story-asking" techniques (you may ask/seek details on the More TPRS listserv). Personalization (as long as you avoid embarrassment!) always appeals to students.

# Procedures for Classroom Teachers:
# Presenting Excelerate SPANISH

**Each lesson in the Excelerate curriculum has the following parts:**

1. Main vocabulary list- Directly beneath the lesson number and title, you will see a two-column list of vocabulary in Spanish and English.
2. Action series or *serie de acciones*- This is a list of commands and statements which feature the listed vocabulary items in a fun context.
3. Comprehension questions or *preguntas de comprensión*- Generally, these are either/or questions in Spanish based upon the action series.
4. *¡Dramatización!*- A short skit, plus associated vocabulary.
5. *Preguntas de comprensión*- Simple questions about the skit, often using interrogatives (question words) while offering answer choices.
6. Reading selection or *lectura*- A leveled reading selection using vocabulary from the lesson. The reading either deals with the same vocabulary or subject matter presented in earlier sections or offers an alternative point of view.
7. Follow-up questions- These are *sí o no* questions for the first several lessons; in later lessons, they are multiple-choice.
8. There are extra goodies in the textbook after lessons 10, 12, and 13. Enjoy!

**Lesson Planning:**

1. Prior to teaching each lesson, read through the various parts to **familiarize yourself with the content.** Keep your schedule in mind, and plan accordingly. If you have forty-five minute classes, you will not be able to do every suggested activity *along* with all its alternatives in one day! If you are on a block schedule (with sometimes as much as 90 minutes to work with), then you can obviously expect to do many more activities in a given class period.

2. **Gather props** for use with the *serie de acciones* and the *¡Dramatización!* For example, for lesson one's *serie*, you might fold up a piece of paper to serve as a "bus schedule." You might **draw the scene** depicted in the *serie* on the board (nothing elaborate is necessary, just a bus stop sign in the target language, maybe a street corner, bench, etc). Make it as simple or detailed as you like!

3. **Plan the motions and/or gestures you will use** to teach the vocabulary using TPR (Total Physical Response). For example, in lesson one, for the word "va," I walk in place. For "parada," I thrust my palm out (like a traffic cop). For "mira el reloj," I look pointedly at my wrist. Keep the motions/gestures simple, using obvious actions if you can.

   For long phrases, make up an action that captures the general idea or the emotion. For "¿Dónde está el autobús?" I throw my hands out, palms up, at shoulder level (as if to ask, "Why???") and move them up and down as I ask the question (with clear, mock irritation in my voice). Sometimes, especially for abstract concepts, I point to an enlarged photo that represents the word or phrase, or I write/draw the word on the board and point.

Occasionally it is difficult to come up with actions, and/or we teachers forget what motion/gesture we had planned to use. When this happens, don't panic! ☺ Your students are your best resource in this situation. **Ask them to come up with a motion**, or see whether they recall the motion you had used before. Use their ideas-- they will feel more affirmed and invested as a result.

4. Finally, give some thought to **room setup.** Most of the lessons don't require anything special in this area, but occasionally you might want a small table and/or chair(s) available at the front of the room. A chair can serve as a seat in a taxi or on an airplane; a pair of chairs facing each other can be the seats in a canoe. If you draw a scene on the whiteboard behind these props, you can figuratively transport your students to the series or story's setting.

**With the Students:**

A.     **TPR the *vocabulario*:**

1. When you begin each lesson, it is not necessary that the students have their books out at first. Introduce the topic or title, and then start by **listing the first three to five words/phrases** from the main vocabulary list (on the first page of each lesson) on the board. Speak the words aloud as you write them, and write both the English and the Spanish, just as they are listed in the book. (It is fine to use English here and *whenever* meaning may otherwise be unclear!)

2. Have the **students watch and listen as you say each word and perform the accompanying action.**

3. Ask them to **listen and perform the action along with you** (they do not need to say the word). Practice the three to five words one at a time, then in combination with each other, if possible. Vary the order in which you practice them.

4. **Assess.** After you and the students have TPRed each word several times, say the word and **verify that they can perform the appropriate action *without your doing so*.** If they can, then **move on to the next three to five words, repeating the process** above. Do this until you have presented **all** of the words/phrases of the *vocabulario* section. Make sure that you're smiling and enthusiastic!

   **Great Ideas:** Incorporate **review** as you TPR, reintroducing words the students have already learned, in addition to number words, days of the week, etc. Enjoy some **PQA** with the students (information on this topic can be found on the MoreTPRS yahoo loop and on Ben Slavic's blog).

**B.** **Demonstrate the series and ask the questions:**

1. **Say the series aloud, and act it out simultaneously** for the students (who merely observe at this point). Be dramatic; use vocal inflections, pauses, gestures, etc. to your advantage, especially for all the silly, suspenseful, or unexpected parts.

2. **Say the series again,** acting it out as before, and **have the students act it out along with you.** They do not need to speak during this time.

3. Call a student (or students) to the front of the room, and have them act out the series as you say it. Ask them to ham it up!

4. **Ask the *preguntas de comprensión*,** emphasizing the answer choices as you speak. Allow for choral responses. Repeat the correct answers, then make the associated *negative* statement (i.e., "Sí, es una parada del autobús. No es una estación del tren.") Use gestures to clarify meaning.

5. Now have students open their books and read the series silently as you read it aloud. Ask them to listen for pronunciation.

6. Have students **practice the series in pairs.** One should read while the other acts out the series from his/her seat; then, students will reverse roles.

7. **Assess:** Have students close their books. Pick statements from the series at random, say a few words, and then trail off so that students can complete with the appropriate word or phrase. Alternatively, pick a statement at random and have students show you the motion, *or* you show them the motion and have them say the corresponding word or phrase. Also, it's fine to try some loose translation exercises at this point. Just keep things moving and varied.

8. **Write:** For classes lasting an hour or less, I would **stop** at this point. (The "*dramatización*" can wait until the next class meeting). One of my favorite things to do at the end of class is to write a class story. Using the vocab listed on the board/in the lesson, we choose a protagonist (generally a "current" media personality such as a famous movie star, singer, athlete, cartoon character, etc). We then set about the task of creating the most bizarre and fun story possible. You may wish to act as the class "scribe," or you might grant this honor to a capable student. The scribe records the story on the board/overhead. Afterwards, you might dramatize the story, or read it aloud using gestures, or translate it, etc. The class story is great material for additional writing/homework assignments (for copywork, Charlotte Mason style, or writing an alternative ending, or changing the subject to so-and-so "*y yo,*" etc). The sky's the limit!

C.    **Prepare for and Execute the *¡Dramatización!***

1.  Have students **put their books away.** We don't want for them to see the skit beforehand! Then **TPR the *nuevo vocabulario.***

2.  **Assemble your props in front of the class** (but don't spoil the skit by giving out information!) This perks students' curiosity.

3.  **Get volunteer actors** if you can, bribe if you can't, and coerce only if you must! (Really, don't enter into a power struggle-- just plead/cajole). **Take the two** (usually there are only two) **actors aside and explain to them in English** what they will do, making sure they understand their roles. Encourage them to put on zany performances. Try not to let the others hear you talking to the actors!

    Note: To keep the rest of the class on-task, assign a student to go to the front to review/TPR the vocabulary while you speak to the actors, *or* have partners turn to each other to practice the vocab and motions. If applicable, you could ask a student or two to draw a scene for the upcoming skit on the board, keeping it quick and simple (this is not art class!)

4.  Bring the actors up front and introduce them using the names from the *¡Dramatización!* Announce the setting to the students in the audience (i.e., "These two chairs are a canoe.") Then **read the *¡Dramatización!* with exaggerated intonation as the actors perform the skit.** Your actors will occasionally look to you for cues on what to do, especially if they get confused; signal to them or whisper loudly in English what they should do.

5.  At the conclusion of the skit, praise the actors and model appreciation. Say, "¡Aplauso!" and clap wildly, encouraging the class to do the same. **Important**: See Procedural Note on page xii for ideas on <u>incorporating first/second person.</u>

6.  Have all of the students **stand up as you read the story aloud** once more, this time **doing the TPR gestures** each time you get to a vocab word. Read at a comprehensible pace. The students should look at you, not at their textbooks, and **they should do the motions along with you,** but they should remain silent-- their focus at this time is hearing and experiencing. Do this a couple of times if they don't seem too restless, and speed things up the second time to add a little challenge or interest. Warning: This activity feels like physical exercise! ☺

7.  **Assess**: Have students retell the story as you do the motions (you remain silent) or have students retell the story in pairs, referring to guide words on the board as needed. Ask the *preguntas de comprensión*, pronouncing the possible options (if applicable) and allowing for choral responses.

## D.    Assigning Homework

1.  The *lecturas* at the end of each lesson can be assigned for homework. Reassure students that they need not understand every word, but encourage them to try to develop a "flow" as they read, to guess from context, etc.

2.  The separate *Excelerate* SPANISH Workbook contains multiple activities for continued practice, providing opportunities to recycle vocabulary items, discover grammatical features, show off reading comprehension skills, etc. Analytical activities are balanced with right-brained applications and fun puzzles.

3.  **Additional** homework and/or project ideas include:

    A.  Banners- Students design a banner with a key sentence from the day's story. Illustrate and display!

    B.  Spanish lyrics- Students write a simple song about the series, skit, or *lectura* from the lesson. Have them put it to a tune if they can!

    C.  Cheers- Have students make up a cheer using vocabulary from the lesson.

    D.  Art Projects- Encourage students to use different media to draw/illustrate a story- sand, rice, colored pencils, finger paints, etc.

    E.  Greeting Cards- Students design and decorate greeting cards that one character (from a skit or *lectura*) might give to another character.

    F.  Letters- Students write a letter to a character from the skit or *lectura.*

    G.  Test Design- Students create a test based upon the lesson's content. Be sure to provide a rubric detailing features you expect to see, including number and types of questions, etc.

    H.  Student Teachers- **This is great for both mastery and PR and should happen often!** Students seek out a willing sibling, friend, or parent, and **teach** them either the series or the skit (extra credit for doing both!) using the same techniques as in class (TPR especially). The cooperating "student" (the sibling, friend, or parent, that is) then signs and dates a form provided by you. You may use the form on p. xx or create your own.


## E.    Review Suggestions

1.  Begin each class session with a short **review** before moving on to the day's lesson. TPR the series and/or the skit together (this is a great warm-up to revive sleepy students in morning classes, folks who are feeling full after lunchtime, etc).

2. Go over homework assignments to resolve any burning questions and/or to provide additional comprehensible input opportunities. Allow for one or more students to read the *lectura* aloud, and then go over the answers with them.

3. Artsy ideas: Occasionally, you and your students may want a little extra time to savor a story, whether it comes from the series, the skit, or the *lectura*. You might enjoy allowing students (individually or in pairs) to draw out the scenes of a story on drawing paper. On a beautiful day, students might use sidewalk chalk to illustrate a story outside (but please get the necessary permissions!) Theatrically minded students might want to design a set worthy of a production (think parent night!)

4. After multiple lessons have been covered, have students (in pairs or groups) select their **personal favorite** to act out in front of the class. Give them time to practice during class. Ask them to use their best acting skills, to improvise for props, etc. One student should read their selection aloud as the others dramatize it. If desired, allow for presentations to take place the following day so that students can dress the part or bring props from home.

5. Have students present skits for *other* classes at your school, or for an audience of school administrators… Use their success as great PR!

6. Encourage students to write their own unique stories using vocabulary from a lesson, or to change elements of a story, making it even more dramatic!

## F.   Testing

Most curricula come with pre-programmed quizzes and tests, so many teachers are conditioned to expect this component and to use it; yet we must ask ourselves whether what is popular/traditional is also expedient. I strongly believe that classroom teachers ought to design their own tests based upon what they have taught their own students.

If you are using the *Excelerate* workbook, you might construct test items derived from questions and activities that students completed from the workbook. You might also adapt questions from the text, from discussions in class, etc. You might ask students to translate, draw, match, compare, find errors, write a story or an ending, etc. Just make sure that the format and the material are familiar to the students.

A few principles: Tests **should** be designed to confirm that students have internalized the subject matter; they should **not** ask things of students that those same students have not practiced with some success. They should **not** contain trick questions. They should not be designed to occupy students for a set period of time, but rather to assess students' grasp of the material.

# Procedures for Homeschool Students and Independent Learners: Using Excelerate SPANISH

**A few guidelines:**

1. To begin each lesson, watch the corresponding **video** (videos are sold separately). Have your book available and refer to it when directed; no other materials are necessary during the video portion. Do your best to **attend in the same way that you would if you were in the actual classroom** (i.e., participate fully, stay alert, and avoid distractions). When the video teacher instructs you or the class to perform an action, do so along with the video students.

2. **Consider your own schedule and attention span** when conducting the video portion. There is no requirement to watch the lesson from beginning to end at one time. You might choose to cover the main vocabulary and action series one day, and the skit the next. (This is my personal preference for my students).

3. **Pause and rewind.** You have the luxury of studying at your pace in your own environment, so please do pause, rewind, and listen again whenever you need to. In fact, the **more** times you watch the lesson videos, the better. **Only make sure that you aren't *just* watching-- always imitate the video students.** You won't learn much if you are lying back on a cushy sofa, texting, and eating munchies during the lesson! In fact, you might not learn *anything* that way. ☹

4. Do **read** all the *lecturas*, multiple times if necessary. These will really help to shuttle you along on the road towards fluency! Read online newspapers in Spanish, such as www.abc.es (El ABC from Madrid, Spain).

5. Complete the **workbook activities** for each lesson. Do the ones that seem easier to you first-- it's fine to do them out of "order."

6. Try the **homework, project, and review ideas** on pages xvii - xviii of this book. Don't hesitate to share your prowess!

**Suggested schedule:**

<u>Day One</u>- Watch the appropriate lesson video and TPR (do gestures for) the main vocabulary and action series at least once. Complete one or more workbook activities.
<u>Day Two</u>- Watch and TPR main vocabulary and action series (from day one) PLUS the skit portion. If possible, also *rewind* and *act out* the skit with a partner as the video teacher reads the skit. Read the lectura in the text and answer the questions.
<u>Day Three</u>- Complete the remaining workbook activities. Reread the lectura in the text.
<u>Day Four</u>- Watch the video once more if you need to. Do activities from #6 (above).
<u>Day Five</u>- Do activities from #6 (above). Take a quiz or test if desired.

# STUDENT TEACHER FOR A DAY

Student (Teacher) Name _____
<br>(please print)

Cooperating Person(s) _____
<br>(please print)

Lesson # _____

Series _____    Skit _____    Both_____
<br>(check one)

Did the student teacher show you gestures for each vocabulary term?  yes    no

Did the student teacher act out the lesson?  yes    no

Please rate the student teacher's enthusiasm:  1  2  3  4  5   (5 is highest)

Please rate the student teacher's familiarity with terms:  1  2  3  4  5

What are two things the student teacher did very well?

What are two things the student teacher might improve for next time?

Cooperating Person's Signature _____ Date _____

Thank you for your participation!  ☺

You have my permission to photocopy this form for use with your students.

Excelerate SPANISH

# Lessons

(This page intentionally left blank)

# Lección uno

## Taking the Bus/Tomando el autobús

*Vocabulario:*

va - goes
parada - stop (n.)
la parada del autobús - the bus stop
mira el reloj - looks at the (wrist)watch
¿Qué hora es?- What time is it?
saca- takes out
busca - looks for, searches
horario - schedule
espera - waits for
paciencia - patience
veinticinco (25)
¿Dónde está el autobús? - Where's the bus?

estampa - he/she/it/Ud. stamps (v.)
pie - foot
impaciencia - impatience
taxi
aquí hay - here (there) is
levanta - lifts/raises
mano - hand
grita - shouts
se sube - gets on/into
sonríe  - smiles
suspira - sighs

*Serie de acciones:*

1.  Va a la parada del autobús.
2.  Mira el reloj.  ¿Qué hora es?
3.  Saca el horario del autobús.
4.  Mira el horario.
5.  Busca el autobús.
6.  Espera con paciencia.
7.  Espera 25 minutos.
8.  Mira el reloj otra vez.
9.  ¿Dónde está el autobús?
10. Estampa el pie con impaciencia.
11. Busca un taxi.
12. ¡Aquí hay un taxi!
13. Levanta la mano y grita, "¡Taxi!"
14. Se sube al taxi.
15. Sonríe y suspira.

*Comprensión:*

1.  ¿Es una <u>parada del autobús</u> o es una <u>estación del tren</u>?
2.  ¿Mira la <u>rana</u> o mira el <u>reloj</u>?
3.  ¿Saca el <u>horario</u> o saca el <u>ombligo</u>?
4.  ¿Busca el <u>autobús</u> o el <u>avión</u>?
5.  ¿<u>Espera</u> o <u>escala</u>?
6.  ¿Espera <u>25</u> minutos o <u>20</u> minutos?

7. ¿Estampa el <u>pan</u> o el <u>pie</u>?
8. ¿Busca un <u>tambor</u> o un <u>taxi</u>?
9. ¿<u>Grita</u> o <u>gime</u>?
10. ¿Levanta la <u>mano</u> o la <u>mandíbula</u>?
11. ¿<u>Llora</u> o <u>sonríe</u>?

*¡Dramatización!*
*Tomando un taxi/Taking a Taxi*

*Nuevo vocabulario:*
hay - there is
se llama - named/called
también - also
pero - but
corre- runs

Hay una muchacha que se llama Ana.  Ana espera un taxi.  Espera por dos minutos.
¡Aquí hay un taxi!  Ana mira el taxi.  Roberto mira el taxi también.  Ana corre al taxi.
Roberto mira a Ana.  Roberto corre al taxi también.  Ana corre rápidamente.  Pero
Roberto corre más rápidamente.  Roberto se sube al taxi.  Ana estampa el pie y grita,
"¡Estúpido!"

*Preguntas de comprensión:*

1. ¿Qué espera Ana?  (un taxi, un tambor, un tipo)
2. ¿Quién espera un taxi?  (Alfredo, Andrés, Ana)
3. ¿Por cuánto tiempo espera el taxi?  (uno, dos, tres minutos)
4. ¿Quién espera por dos minutos?  (Alfonso, Ana, Alicia)
5. ¿Qué hace por dos minutos Ana?  (escala, espera, espanta)
6. ¿Qué mira Ana?  (un tambor, un tacón, un taxi)
7. ¿Quién más mira un taxi?  (Ramón, Ricardo, Roberto)
8. ¿Quién corre rápidamente?  (Alfonso, Ana, Alicia)
9. ¿Cómo corre Ana?  (rápidamente, ridiculosamente, ruidosamente)
10. ¿Qué hace Ana?  (canta, come, corre)
11. ¿Quién más corre?  (Ramón, Ricardo, Roberto)
12. ¿Cómo corre Roberto?  (más rápidamente, más ridiculosamente, más ruidosamente)
13. ¿Qué hace Roberto?  (se baja, se sube, se acuesta)
14. ¿A qué se sube Roberto?  (al taxi, al tambor, al tiburón)
15. ¿Quién estampa el pie?  (Alfonso, Ana, Alicia)
16. ¿Qué estampa Ana?  (el pez, el pie, el pimiento)
17. ¿Quién grita?  (Alfredo, Andrés, Ana)
18. ¿Qué grita Ana?  ("¡Estúpido!"; "¡Estupendo!"; "¡Estornudo!")

2

# Lectura
## La eficiencia/Efficiency

Luisa busca un taxi. Ve[1] un autobús, pero no ve[2] un taxi. ¿Dónde están los taxis? Luisa suspira. Busca un taxi por diez minutos más. Luisa estampa el pie con impaciencia.

1- she sees;
2- she doesn't see

Un minuto más tarde, Luisa ve un taxi. Ella sonríe y grita, "¡Taxi! ¡Taxi!" Luisa levanta una mano. Pero el taxi va muy rápidamente. El taxi no espera a Luisa. Luisa levanta las dos manos. Pero el taxi se va.

Ahora[3] Luisa está furiosa. Ella grita, "¡Qué taxi tan estúpido!" Luisa saca cien dólares ($100.00). Espera por tres minutos más. Mira otro[4] taxi. Luisa no grita, "¡Taxi! ¡Taxi!" No levanta una mano. No levanta las dos manos. Luisa levanta los cien dólares.

3- now
4- another

El taxista[5] mira a Luisa. Pero aún más importante, mira los cien dólares. El taxista sonríe. Para[6] el taxi.

5- taxi driver
6- he stops

Luisa se sube al taxi. "A mi casa, rápidamente, por favor," Luisa le dice[7] al señor.

7- says

El taxista grita, "¡Sí, señorita!" El taxi va muy rápidamente. Luisa sonríe.

La moraleja de este cuento es: El dinero[8] habla más que los gritos, más que una mano, y aún más que las dos manos.

8- money

## Sí o No:

1. Luisa está buscando un taxi.
2. Luisa ve siete (7) autobuses.
3. Busca un taxi por veinte (20) minutos más.
4. Luisa estampa los dos codos.
5. El taxi va muy rápido.
6. El taxi espera a Luisa.
7. Luisa está furiosa.
8. Luisa saca cien dólares.
9. El taxista no mira los cien dólares.
10. El taxista va a la casa de Luisa.

## Lección dos

## Going Fishing/ De pesca

*Vocabulario:*

se levanta- gets up
temprano- early
la caña de pescar- the fishing pole
el cebo artificial- the fishing lure (bait)
los ganchos- the hooks
¡Cuidado!- Careful!
afilados- sharp
¡Ay, ay, ay!- Oh, oh, oh!

se mete- gets stuck
dedo pulgar- thumb
lo quita- takes it out
poquito- a little bit
se suena la nariz- blows nose
está bien- it's okay
guarda- puts away
vuelve a la cama- goes back to bed

*Serie de acciones:*

1. Se levanta temprano.
2. Busca la caña de pescar.
3. Busca el cebo artificial.
4. Busca los ganchos.
5. ¡Cuidado!  Son ganchos muy afilados.
6. ¡Ay, ay, ay!  Un gancho se mete en el dedo pulgar.
7. Lo quita rápidamente.
8. Llora un poquito.
9. Se suena la nariz.
10. Está bien.  <<Suspiro>>
11. Guarda la caña de pescar, el cebo artificial, y los ganchos.
12. Vuelve a la cama.

*Preguntas de comprensión:*

1. ¿Se levanta <u>tarde</u> o <u>temprano</u>?
2. ¿Busca una caña de pescar o no?  (<u>sí</u> o <u>no</u>)
3. ¿<u>Come</u> los ganchos o <u>busca</u> los ganchos?
4. ¿Se mete el gancho en el <u>dedo</u> o en el <u>ojo</u>?
5. ¿<u>Llora</u> o <u>grita</u>?
6. ¿Se suena las <u>nubes</u> o las <u>narices</u>?
7. ¿Guarda los <u>ganchos</u> o los <u>gusanos</u>?
8. ¿Vuelve a la <u>cama</u> o a <u>afeitarse</u>?

*¡Dramatización!*
*El pescador loco/The Loony Fisherman*

*Nuevo vocabulario:*

pone- puts
gusano - worm
carro- car
lago - lake

también- also
tiene hambre- has hunger/is hungry
come- eats
hamburguesas- hamburgers

Carlos decide ir de pesca. Pone su caña de pescar en su carro. No pone el cebo artificial en el carro. Prefiere pescar con gusanos. Pone cuarenta y seis (46) gusanos en el carro y va al lago.

Paco Loco va de pesca también. Paco Loco mira a Carlos. Mira los cuarenta y seis gusanos de Carlos. Paco Loco tiene hambre. Paco Loco no es normal; no come ni tacos ni pizza ni hamburguesas. ¡Paco Loco come los cuarenta y seis (46) gusanos de Carlos!

Carlos se sienta y llora. No va de pesca. No pone los gusanos en los ganchos. Llora y llora. Paco Loco mira a Carlos y llora también.

*Preguntas de comprensión:*

1. ¿Quién decide ir de pesca? (Carlos, Cristóbal, Cristina)
2. ¿Qué decide hacer Carlos? (ir de compras, ir de pesca, ir al patio)
3. ¿Qué pone en su carro? (su caña de pescar, su caramelo, su canguro)
4. ¿Dónde pone su caña de pescar? (en el carro, en el codo, en el canguro)
5. ¿Quién pone su caña de pescar en el carro? (Carlos, Cristóbal, Cristina)
6. ¿Qué prefiere Carlos? (guantes, gusanos, guitarras)
7. ¿Quién prefiere pescar con gusanos? (Carlos, Cristóbal, Cristina)
8. ¿Qué prefiere hacer Carlos con sus gusanos? (patinar, pescar, pelear)
9. ¿Cuántos gusanos pone Carlos en el carro? (cuatro, cuarenta, cuarenta y seis)
10. ¿Dónde pone Carlos los gusanos? (en el carro, en el codo, en el canguro)
11. ¿Adónde va Carlos con los gusanos? (al lago, al lápiz, al lavado)
12. ¿Quién más va de pesca? (Pablo Picasso, Paco Loco, Pedro Pillo)
13. ¿Qué mira Paco Loco? (guantes, gusanos, guitarras)
14. ¿Quién tiene hambre? (Patricio Peludo, Pedro Pillo, Paco Loco)
15. ¿Quién no es normal? (Pablo Picasso, Paco Loco, Pedro Pillo)
16. ¿Qué come Paco Loco? (35 pizzas, 48 hamburguesas, 46 gusanos)
17. ¿Quién se sienta y llora? (Carlos, Cristóbal, Cristina)
18. ¿Cómo responde Paco Loco? (llena, lleva, llora)

## Lectura
## Hora de comer/Time to Eat

Son las ocho de la mañana,[1] y Beatriz se levanta. Beatriz tiene hambre, y busca la comida en su cocina. Busca cereal, pero no hay cereal. Busca panqueques, pero no hay panqueques. Busca y busca, pero no encuentra[2] nada[3] que comer.

Beatriz se sienta y suspira. Mira un programa de televisión. No come nada. Mira cincuenta y siete (57) programas en la tele.

Después, Beatriz mira su reloj. Son las doce.[4] Beatriz todavía tiene hambre. Va a la cocina y busca el almuerzo.[5] Busca una pizza, pero no hay pizza. Busca una hamburguesa, pero no hay hamburguesas. Busca un sándwich. No hay un sándwich. ¡No hay nada!

Beatriz se sienta y llora. Llora por treinta y cuatro (34) minutos. Después, decide ir de pesca. Pone su caña de pescar, sus ganchos, y su cebo artificial en su carro. Va al lago y pesca por trece (13) minutos. Agarra setenta y nueve (79) pescados. Va a casa[6] con los setenta y nueve pescados. Va a la cocina[7] y prepara un sándwich y una pizza con los setenta y nueve pescados. No prepara una hamburguesa con los pescados; eso es grotesco.

Beatriz come y come. ¡Qué contenta está!

La moraleja de este cuento es: Si no tienes sandwiches, come lo que hay.

1- It's 8 a.m.

2- doesn't find
3- nothing

4- It's 12:00.
5- lunch

6- home
7- kitchen

### Sí o No:

1. Son las ocho de la noche.
2. Beatriz tiene hambre.
3. Beatriz come panqueques y cereal en su cocina.
4. Beatriz mira muchos productos buenos para comer en su cocina.
5. Beatriz se sienta y suspira.
6. Beatriz mira muchos programas de tele.
7. Beatriz todavía tiene hambre a las doce.
8. Beatriz busca el almuerzo en un restaurante.
9. Beatriz llora por cincuenta y siete minutos.
10. Beatriz va de pesca.
11. Beatriz pesca con gusanos.
12. Beatriz no agarra pescados.
13. Beatriz prepara hamburguesas con los pescados.
14. Las hamburguesas con pescados son grotescas.

# Lección tres

## Going out in a Storm/Saliendo en una tempestad

*Vocabulario:*

tiene que ir- has to go
trabajo- work/job
se viste- gets dressed
la ventana- the window
está lloviendo- it's raining
un impermeable- a raincoat
aquí hay- here is

se pone- puts on
unas galochas- galoshes
un paraguas- an umbrella
abre la puerta- opens the door
sale- leaves
la casa- the house
hace sol- it's sunny

*Serie de acciones:*

1. Tiene que ir al trabajo.
2. Se viste.
3. Mira por la ventana.
4. Está lloviendo.
5. Busca un impermeable.
6. ¿Dónde está?
7. Aquí hay un impermeable.
8. Se pone el impermeable.
9. Busca unas galochas.
10. ¿Dónde están?
11. Aquí hay unas galochas.
12. Se pone las galochas.
13. Busca un paraguas.
14. ¿Dónde está?
15. Aquí hay un paraguas.
16. Abre la puerta.
17. Sale de la casa.
18. ¡Hace sol!

*Preguntas de comprensión:*

1. ¿Va al <u>trabajo</u> o va al <u>hospital</u>?
2. ¿<u>Se viste</u> o <u>se ducha</u>?
3. ¿Mira por la <u>puerta</u> o por la <u>ventana</u>?
4. ¿Está <u>nevando</u> o está <u>lloviendo</u>?
5. ¿Se pone un <u>impermeable</u> o un <u>paraguas</u>?
6. ¿Abre la <u>ventana</u> o la <u>puerta</u>?
7. ¿Sale de la <u>casa</u> o del <u>trabajo</u>?
8. ¿Hace <u>sol</u> o hace <u>frío</u>?

*¡Dramatización!*
*El pragmatismo/Pragmatism*

*Nuevo vocabulario:*

hace viento- it's windy
agua- water
entra- enters

se sienta- (he) sits
favorita- favorite
programa de televisión- TV program

Susana mira por la ventana. Está lloviendo. Susana abre la ventana. Está lloviendo, y hace viento también. Susana abre siete (7) ventanas. Está lloviendo mucho. Está lloviendo dentro de la casa.

El papá de Susana abre la puerta y entra en la casa. Su papá mira a Susana. Mira las ventanas. Mira el agua en la casa. El papá de Susana se pone sus galochas. Se pone su impermeable también. Se sienta en su silla favorita y mira un programa en la televisión.

*Preguntas de comprensión:*

1. ¿Quién mira por la ventana? (Silvia, Sebastián, Susana)
2. ¿Por dónde mira Susana? (por la puerta, por la ventana, por el espejo)
3. ¿Qué tiempo hace? (está lloviendo, está nevando, hace sol)
4. ¿Quién abre las ventanas? (Silvia, Sebastián, Susana)
5. ¿Qué abre Susana? (las puertas, las ventanas, el refrigerador)
6. ¿Cuántas ventanas abre Susana? (seis, siete, ocho)
7. ¿Dónde está lloviendo? (en la cama, en la casa, en el codo)
8. ¿Quién abre la puerta y entra en la casa? (Susana, Silvia, el papá de Susana)
9. ¿Qué hace el papá de Susana? (abre la puerta, cierra la puerta, mira la puerta)
10. ¿Adónde entra el papá de Susana? (en la casa, en el centro comercial, la ventana)
11. ¿Quién se pone sus galochas? (Susana, Silvia, el papá de Susana)
12. ¿Quién se pone su impermeable? (Susana, Silvia, el papá de Susana)
13. ¿Qué se pone el papá de Susana? (los calcetines, las galochas, las sandalias)
14. ¿Cómo responde su papá a la situación en la casa? (se sienta, grita, llora)

## Lectura
## El equipaje problemático/Problematic Luggage

Carlitos tiene que ir a Londres, Inglaterra, para su trabajo. Llueve[1] mucho en Londres. Carlitos busca su impermeable. Encuentra el impermeable y lo pone[2] en su maleta.[3] Busca sus galochas. Encuentra las galochas y las pone en la maleta. Busca su paraguas. El paraguas es muy grande. La maleta no es muy grande. Carlitos tiene un problema.

*1- está lloviendo*

*2- puts it*
*3- suitcase*

Carlitos busca una solución. Mira sus galochas. Perfecto. Mira su impermeable. Perfecto. Mira su paraguas. Esto no funciona.[4] El paraguas es demasiado grande. El paraguas es un problema.

*4- this isn't working*

Carlitos no tiene ninguna idea para una solución. Va a visitar a su amigo Diego. Diego tiene una solución. Carlitos es pequeño. Diego abre la maleta, y Carlitos se pone a sí mismo[5] en la maleta. Él se sienta dentro de la maleta, y el paraguas toma su asiento[6] en el avión:[7] un buen asiento, al lado de la ventana.

*5- himself*
*6- takes his seat*
*7- airplane*

La moraleja de este cuento es: Las maletas pequeñas son un problema, pero los amigos tontos[8] son aún peores.[9]

*8- foolish*
*9- even worse*

*Sí o No:*

1. Carlitos tiene que ir a Australia.
2. Llueve mucho en Inglaterra.
3. Carlitos busca una hamburguesa.
4. Encuentra un impermeable.
5. Carlitos pone sus galochas en la maleta.
6. La maleta de Carlitos es muy grande.
7. El paraguas de Carlitos es muy grande.
8. Carlitos tiene muchas ideas para resolver este problema.
9. Carlitos va a su amigo Daniel.
10. Carlitos es muy grande.

# Lección cuatro

## En el patinadero/At the Skate Rink

*Vocabulario:*

patinadero- skate rink
compra- buys
boleto- ticket
alquila- rents
unos patines- some skates
se sienta- sits
banco- bench
se quita- takes off
zapatos- shoes
calcetines- socks

guarda- puts away
se mueve- moves
lentamente- slowly
agarra- grabs
baranda- railing
patina- skates (v).
un poco más- a little more
aún más- even more
¡Uy!- Oh!
se cae- falls (down)

*Serie de acciones:*

1. Va al patinadero.
2. Compra un boleto.
3. Alquila unos patines.
4. Se sienta en un banco.
5. Se quita los zapatos.
6. Se pone unos calcetines.
7. Se pone los patines.
8. Guarda los zapatos.
9. Se levanta.
10. Se mueve muy lentamente.
11. Agarra la baranda.
12. Patina.
13. Patina un poco más rápidamente.
14. Patina aún más rápidamente.
15. ¡Uy! Se cae.
16. Se levanta.
17. Patina de nuevo.

*Preguntas de comprensión:*

1. ¿Va al patinadero o al panadero?
2. ¿Compra un zapato o un boleto?
3. ¿Alquila unos patines o unos calcetines?
4. ¿Se quita los patines o los zapatos?
5. ¿Se mueve rápidamente o lentamente?
6. ¿Se cae o se viste?

*¡Dramatización!*
*La inspiración/Inspiration*

*Nuevo vocabulario:*

está patinando- is skating
como- like
forma- shape
aplauden- they applaud/clap
se siente- (she) feels
suelta- lets go (of)
de nuevo- anew (again)

Catalina está patinando en un patinadero muy grande. Catalina patina muy rápidamente. Ella es como una profesional. Es elegante. Patina en la forma de una figura ocho (8). Muchas personas miran y aplauden. Ella no se cae.

Rita observa a Catalina. Ella no patina como una profesional, pero se siente inspirada. Ella se sienta en un banco. Se quita los zapatos y se pone los patines. Se levanta y patina un poco. Agarra la baranda y patina más rápidamente. No se cae. Suelta la baranda y patina muy, muy rápidamente. Se cae- ¡BUM! Se levanta y agarra la baranda de nuevo. Ahora Rita patina más lentamente. Muchas personas observan y aplauden.

*Preguntas de comprensión:*

1. ¿Quién está patinando? (Catalina, Carolina, Cristina)
2. ¿Dónde está patinando Catalina? (en un pato, en un patín, en un patinadero)
3. ¿Cómo es el patinadero? (gordo, grande, grotesco)
4. ¿Cómo patina Catalina? (rápidamente, ridículosamente, ruidosamente)
5. ¿Quién es como una profesional? (Catalina, Carolina, Cristina)
6. ¿Quién es elegante? (Catalina, Carolina, Cristina)
7. ¿Quién patina en la forma de una figura ocho? (Catalina, Carolina, Cristina)
8. ¿Quiénes miran y aplauden? (muchas moscas, muchos patos, muchas personas)
9. ¿Se cae Catalina? (sí, no)
10. ¿Quién observa a Catalina? (Ricardo, Rita, Rosa)
11. ¿Patina Rita como una profesional? (sí, no)
12. ¿Cómo se siente Rita? (inspirada, instalada, insultada)
13. ¿Dónde se sienta Rita? (en un banco, en un barco, en un bolso)
14. ¿Qué se pone Rita? (los zapatos, los patines, los patos)
15. ¿Quién agarra la baranda? (Catalina, Cristina, Rita)
16. ¿Quién se cae? (Catalina, Cristina, Rita)

## Lectura
## Un cumpleaños singular/An Extraordinary Birthday

Es el cumpleaños[1] de Adela. Ella recibe patines nuevos. Los patines son excelentes. Son muy atractivos. Adela está muy emocionada.[2] Recibe permiso de su mamá para visitar el patinadero. ¡Qué alegría![3]

*1- birthday*
*2- excited*
*3- joy, happiness*

Pero hay un problema. Adela está muy nerviosa. Habrá[4] muchas personas en el patinadero. Algunas[5] personas patinarán rápidamente. Adela no quiere[6] caerse. ¿Qué puede hacer?[7]

*4- there will be*
*5- some*
*6- does not want;*
*7- What can she do?*

Su mamá tiene una idea. Ella compra cien (100) boletos. Así[8] no hay boletos para las otras personas. Las otras personas no pueden entrar en el patinadero. Ellos no pueden patinar rápidamente alrededor[9] de Adela. Ellos no pueden causar un accidente.

*8- so/that way*

*9- around*

Adela está muy contenta. Se pone los patines nuevos. Patina lentamente al principio, y no se cae. Patina un poco más rápidamente. Todavía[10] no se cae. Patina y patina. Después de cuatro (4) horas, se quita los patines y se pone los zapatos. Sale del patinadero.

*10- still*

Cuando Adela abre la puerta, hay muchas personas allá, una multitud de personas. Estas personas tienen patines, pero no tienen boletos de entrada. Les faltan los boletos porque su mamá compró todos los boletos. Las personas no están contentas; están furiosas. Adela se siente mal[11] y le ofrece mil dólares ($1,000) a cada persona. Ahora todos están contentos, menos la mamá de Adela. Ella corre[12] muy rápidamente de allá.

*11- badly*
*12- runs*

## Sí o No:

1. Es el cumpleaños de Adela.
2. Adela recibe patos nuevos.
3. Los patines son muy buenos.
4. Adela está furiosa.
5. Adela sabe patinar muy bien, como una profesional.
6. Adela no quiere caerse.
7. La mamá de Adela compra quinientos cuarenta y dos (542) boletos.
8. La mamá de Adela no quiere que las otras personas patinen rápidamente.
9. La mamá de Adela quiere que haya un accidente.
10. Adela se pone los patines nuevos.
11. Adela patina por veinticuatro (24) horas.
12. Una multitud de personas quiere comprar boletos.
13. Las personas están muy contentas.
14. Adela le ofrece mil boletos a cada persona.
15. La mamá de Adela corre rápidamente del patinadero.

# Lección cinco

## En el concierto/At the Concert

*Vocabulario:*

| | | |
|---|---|---|
| concierto- concert | disco compacto- CD | edificio- building |
| se reune- gets together | canta- sings | hace cola- waits in line |
| varios- various/several | habla- talks | el asiento- the seat |
| amigos- friends | todos- all | aquí viene- here comes |
| lleva- carries | estaciona- parks (car) | aplaude- clap |
| cámara- camera | se baja- gets out of | ¡Qué emoción! - how exciting |
| escucha- listens (to) | camina- walks | alegría- joy |

*Serie de acciones:*

1. Va a un concierto.
2. Se reune con varios amigos.
3. Lleva una cámara.
4. Se sube al carro con todos los amigos.
5. Escucha un disco compacto en el carro.
6. Canta.
7. Habla con todos los amigos.
8. Estaciona el carro.
9. Se baja del carro.
10. Camina al edificio.
11. Hace cola.
12. Entra en el edificio.
13. Busca el número del asiento.
14. ¡Aquí viene la banda!
15. Se levanta.
16. Escucha, canta, y aplaude.
17. Grita.
18. ¡Qué emoción!
19. Llora con alegría.

*Sí o No:*

1. Va a un concierto.
2. Se reune con un amigo.
3. Lleva una cámara.
4. Sube al autobús.
5. Habla con un policía.
6. Estaciona la cámara.
7. Busca el número del asiento.
8. Escucha la música de la banda.
9. No aplaude.
10. Llora mucho.

## ¡Dramatización!
## Un amigo fotogénico/A Photogenic Friend

*Nuevo vocabulario:*

saca fotos- takes pictures
se ríe - laughs
llegan- arrive

cruza los brazos- crosses his arms
le da- gives him

Pedro va a un concierto de jazz. Se reune con su amigo Antonio. Pedro lleva una cámara. Antonio no lleva una cámara, pero Antonio quiere una cámara. Antonio llora. Antonio llora **mucho.**

Pedro *saca fotos* de Antonio y *se ríe.* Antonio le grita, ¡Idiota!

Pedro y Antonio *llegan* al concierto. Pedro estaciona el carro. Antonio *cruza los brazos.* Antonio no le habla a Pedro. Pedro le dice, "Háblame, Antonio." Pero Antonio no habla. Pedro *le da* su cámara a Antonio. Antonio está alegre. Antonio habla con Pedro.

## Preguntas de comprensión:

1. ¿Quién va a un concierto de jazz? (Pablo, Paco, Pedro)
2. ¿Adónde va Pedro (a un cocodrilo, a un concierto, a un convento)
3. ¿Qué clase de concierto es? --Es un concierto: (de jazz, de música clásica, de rock)
4. ¿Quién se reune con Antonio? (Pablo, Paco, Pedro)
5. ¿Quién lleva una cámara? (Pablo, Paco, Pedro)
6. ¿Qué lleva Pedro? (una cámara, un cocodrilo, un cortalápiz)
7. ¿Quién no lleva una cámara? (Alberto, Antonio, Arturo)
8. ¿Qué hace Antonio? (patina, pesca, llora)
9. ¿Quién saca fotos? (Pablo, Paco, Pedro)
10. ¿Qué saca Pedro? (familias, fósforos, fotos)
11. ¿Quién se ríe? (Pablo, Paco, Pedro)
12. ¿Quién grita? (Alberto, Antonio, Arturo)
13. ¿Qué grita Antonio? (¡Caramba!; ¡Idiota!; ¡Uy!)
14. ¿Adónde llegan Pedro y Antonio? (al cocodrilo, al concierto, al convento)
15. ¿Quién estaciona el carro? (Pablo, Paco, Pedro)
16. ¿Qué estaciona Pedro? (la cámara, el carro, el cocodrilo)
17. ¿Quién cruza los brazos? (Alberto, Antonio, Arturo)
18. ¿Quién dice, "háblame?" (Pablo, Paco, Pedro)
19. ¿A quién le da Pedro su cámara? (a Alberto, a Antonio, a Arturo)
20. ¿Qué le da Pedro a Antonio? (su cámara, su carro, su cocodrilo)
21. ¿Quién está alegre? (Alberto, Antonio, Arturo)
22. ¿Cómo está Antonio? (agonizado, alegre, asado)

## Lectura
### Una noche sorprendente/A Surprising Night

Pepito está muy emocionado porque su banda favorita, Los Ombligos Superpoderosos,[1] está haciendo una jira.[2] ¡La banda tendrá[3] un concierto en su ciudad![4] Pepito decide invitar a todos sus amigos.

1- All-Powerful Bellybuttons
2- tour; 3- will have; 4- city

Pepito y cinco de sus amigos compran boletos para el concierto. Tienen boletos para unos asientos excelentes--¡podrán ver la banda muy bien! Algunos[5] compran cámaras nuevas para llevar al concierto. Y todos escuchan sus discos compactos de los Ombligos Superpoderosos día y noche.

5- some

Por fin llega[6] la noche del concierto. Pepito y sus amigos se reunen en el centro y toman un taxi a la sala de concierto.[7] El taxista los deja[8] en frente del edificio. Ellos caminan a la entrada y hacen cola por una hora, y entonces las puertas enormes de la sala de concierto se abren.

6- arrives

7- concert hall
8- leaves them

Pero--- ¿Qué es esto? Un representante de la banda anuncia[9] que esta noche, no habrá[10] un concierto. Dos miembros de los Ombligos Superpoderosos están enfermos[11] y no pueden[12] cantar. Pepito llora, pero sus amigos comienzan a gritar, "¡Ombligos-- Superpoderosos! ¡Ombligos-- Superpoderosos!"

9- announces
10- there won't be; 11- sick
12- cannot

La muchedumbre[13] grita con ellos, y pronto hay cientas de personas gritando y gritando. El representante de la banda se pone nervioso y no quiere hablar más. Dice, "Un momento, por favor," y desaparece por cinco minutos.

13- crowd

Cuando el señor regresa, indica que todos entren en el edificio. Anuncia: "¡Esta noche sí habrá[14] un concierto! ¡Los Ombligos Superpoderosos les van a cantar!" Todos aplauden. Amigos se abrazan y se animan.[15]

14- there will be

15- cheer

¡Qué noche de sorpresas![16]

16- surprises

### Sí o No:

1. Pepito está enfermo.
2. Su banda favorita va a tener un concierto en su ciudad.
3. Pepito invita a todos sus amigos.
4. Pepito y seis amigos van al concierto.
5. Sus asientos son horribles.
6. Pepito y sus amigos compran camisetas idénticas para el concierto.
7. Pepito y sus amigos toman un autobús al concierto.
8. Todos entran inmediatamente.
9. Hay un problema con el concierto.
10. La muchedumbre grita.
11. La muchedumbre se pone nerviosa.
12. El concierto toma lugar (takes place).

## Lección seis

## Un partido de béisbol/A Baseball Game

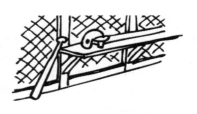

*Vocabulario:*

partido de béisbol- baseball game
presenta- present(s), (v).
empleado- employee
taquilla- ticket window
palomitas de maíz- popcorn
un refresco- a soft drink

encuentra- find(s), (v).
bebe- drink(s), (v).
jonrón- home run
salta- jump(s), (v).
no derrame- don't spill

*Serie de acciones:*

1. Va a un partido de béisbol.
2. Le presenta el boleto al empleado en la taquilla.
3. Compra palomitas de maíz y un refresco.
4. Encuentra el asiento correcto.
5. Se sienta.
6. Mira el partido.
7. Bebe el refresco y come las palomitas de maíz.
8. ¡Hay un jonrón!
9. Se levanta, salta, y aplaude.
10. ¡No derrame las palomitas de maíz!

*Preguntas de comprensión:*

1. ¿Es un partido de <u>fútbol</u> o de <u>béisbol</u>?
2. ¿Presenta el <u>boleto</u> o la <u>botella</u>?
3. ¿Compra un <u>refresco</u> o un <u>rectángulo</u>?
4. ¿<u>Encuentra</u> el asiento, o <u>escucha</u> el asiento?
5. ¿Se <u>levanta</u> o se <u>sienta</u>?
6. ¿Mira el <u>partido</u> o las <u>palomitas</u>?
7. ¿Bebe un <u>refresco</u> o un <u>recibo</u>?
8. ¿<u>Ataca</u> o <u>aplaude</u>?

*¡Dramatización!*

*Nuevo vocabulario:*

al lado de- beside        se ríe- laughs
tira- throws              dinero- money

Ignacio está en el parque de béisbol mirando un partido de béisbol.  No compra palomitas de maíz.  No compra un refresco.  No tiene dinero.

Mercedes se sienta al lado de Ignacio.  Ella tiene palomitas de maíz.  Tiene un refresco también.

Ignacio le mira a Mercedes.  Mira sus palomitas de maíz.  Mira su refresco.  Ignacio agarra el refresco y bebe.  Agarra las palomitas de maíz y las come.  Ignacio se ríe, y Mercedes le tira las palomitas de maíz en su cabeza.

*Sí o No:*

1. Ignacio está en el parque de béisbol.
2. Ignacio mira un partido de tenis.
3. Ignacio compra palomitas de maíz.
4. Ignacio no tiene dinero.
5. Mercedes se sienta al lado de Ignacio.
6. Mercedes no tiene un refresco.
7. Ignacio agarra el refresco de Mercedes y lo bebe.
8. Mercedes agarra las palomitas de maíz de Ignacio y las come.
9. Ignacio se ríe.
10. Mercedes le tira el refresco en su cabeza.

## Lectura

Es el sábado, y Maricela va a un partido de béisbol. Hoy juega su equipo[1] favorito, los Tigres del Licey.* Maricela entra en el estadio.[2] Compra una camiseta nueva de los Tigres de los vendedores[3] en el estadio. Compra una merienda[4] de palomitas de maíz también. Ahora está lista[5] para mirar el partido.

Maricela busca su asiento en el estadio. Ve muchas filas[6] de asientos, pero Maricela encuentra su asiento rápidamente. Camina al asiento, pero hay un problema. ¡Un hombre[7] está sentado en el asiento de Maricela!

Maricela va a su asiento. Mira el número del asiento, y también mira el número del asiento de su boleto. Le presenta el boleto al señor que se sienta en su asiento. Le dice, "Perdón, señor, pero Ud. está sentado[8] en mi asiento."

El señor le mira a Maricela, pero no se mueve. No se levanta. El señor sigue[9] mirando el partido. Un jugador[10] está corriendo a la tercera[11] base. El señor mira, aplaude, grita, y silba.[12] Hace todo esto, pero no se levanta. No le responde a Maricela de ninguna manera.

Maricela suspira. Quiere[13] mirar el partido, y quiere sentarse en su propio asiento. Pero el hombre que se ha sentado allí[14] no se ha movido. Así que Maricela se sienta en su regazo.[15] ¡Qué solución tan perfecta!

1- team
2- stadium
3- vendors
4-snack;  5- ready

6- rows

7- señor

8- se sienta

9- keeps;  10- player
11- third
12- whistles

13- she wants

14- there
15- lap
*un equipo de la República Dominicana

## Sí o No:

1. Es el domingo.
2. Maricela va a un partido de béisbol.
3. Su equipo favorito es los Tigres del Licey.
4. Maricela entra en el patinadero.
5. Compra una camiseta nueva en el estadio.
6. Compra un refresco también.
7. Maricela ve muchas filas de asientos en el estadio.
8. Maricela no encuentra su asiento.
9. Un hombre está en el asiento de Maricela.
10. Maricela llora.
11. Maricela habla con el señor.
12. El señor habla con Maricela.
13. El señor mira el partido atentamente.
14. El señor se levanta y le da el asiento a Maricela.
15. Maricela va a otro asiento.
16. Maricela se sienta en el regazo del señor.

# Lección siete

## El gato ruidoso/The Noisy Cat

*Vocabulario:*

de la mañana- in the morning (a.m.)
está durmiendo- is/are sleeping
ronca- snore(s), (v).
un gato- a cat
afuera- outside
ligeramente- lightly
la cerca- the fence
se para- stops

debajo- under
se pone- begins, goes about
se despierta- wake(s) up
ojo- eye
despacio- slowly
le tira- throws at/to him/her/it/you
frutas y legumbres- fruits and vegetables
regresa- returns

*Serie de acciones:*

1. Son las dos de la mañana.
2. Está durmiendo.
3. Ronca un poco.
4. Hay un gato afuera.
5. El gato no está durmiendo.
6. El gato camina ligeramente en la cerca.
7. El gato se para debajo de la ventana.
8. El gato se pone a cantar- ¡miaaaaaauuu!
9. El gato canta y canta.
10. Se despierta.
11. Abre un ojo despacio.
12. Se levanta y camina a la ventana.
13. Abre la ventana.
14. Le tira frutas y legumbres al gato.
15. Sonríe y regresa a la cama.

*Preguntas de comprensión:*

1. ¿Son las <u>dos</u> o son las <u>doce</u>?
2. ¿Son las dos de la <u>mañana</u> o de la <u>tarde</u>?
3. ¿Está <u>durmiendo</u> o está <u>trabajando</u>?
4. ¿Hay un <u>perro</u> o hay un <u>gato</u>?
5. ¿El gato <u>camina</u> o <u>está durmiendo</u>?

6. ¿El gato se para debajo de la <u>ventana</u> o debajo de la <u>puerta</u>?
7. ¿El gato <u>canta</u> o <u>corre</u>?
8. ¿Abre la <u>boca</u> o abre un <u>ojo</u>?
9. ¿<u>Se lava</u> o <u>se levanta</u>?
10. ¿Tira <u>frutas</u> o tira <u>fotos</u>?

*¡Dramatización!*
*El insomnio/Insomnia*

*Nuevo vocabulario:*

de la noche- at night (p.m.)　　　　　oye- hears
puede- can　　　　　　　　　　　　llama- calls
no puede- can't　　　　　　　　　　todavía- still

　　　　Son las once de la noche. Guadalupe no puede dormirse. Guadalupe suspira y suspira. Le llama a su mamá: "¡Mamá!" Pero mamá no oye. Mamá está durmiendo. Guadalupe llama otra vez: "¡Mamá! Pero mamá todavía no oye. Mamá todavía está durmiendo. Por fin Guadalupe le grita, "¡Mamáááááááá! Mamá se despierta. Mamá abre un ojo. Suspira. Mamá se levanta. Camina a Guadalupe y le tira frutas y vegetales. Luego mamá sonríe y regresa a la cama.

*Sí o No:*

1. Son las once de la noche.
2. Mamá no puede dormirse.
3. Guadalupe suspira y suspira.
4. Mamá le llama a Guadalupe.
5. Guadalupe grita, y mamá se despierta.
6. Mamá cierra los ojos.
7. Mamá no se levanta.
8. Guadalupe le tira frutas y vegetales a su mamá.
9. Guadalupe sonríe.
10. Mamá regresa a la cama.

*Lectura*
*La popularidad/Popularity*

Javier *sueña con ser* un cantante famoso. Todos los días se mira en el *espejo* y practica. Canta y canta en frente del espejo. Se imagina el cantante famoso de un concierto. Practica el arte de *sonreír* y de *hacer reverencias*.

*dreams of being*
*mirror*

*smiling; bowing*

Un día Javier se despierta muy temprano. Se levanta y va al baño para *ducharse*. Mientras *se ducha*, canta su canción favorita. Canta *con voz muy muy alta*. Canta en la ducha por veinticinco (25) minutos. Sonríe y practica haciendo reverencias también.

*to take a shower*
*in a very loud voice; loudly*

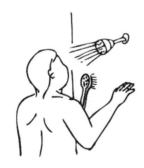

Al salir de la ducha, Javier oye un ruido. Alguien *toca* a la puerta. Javier va a la puerta y llama, "¿Quién es?" Un *vecino* está tocando a la puerta. El vecino no está sonriendo; se ve muy furioso.

*knocks*
*neighbor*

21

Javier decide *no abrir* la puerta. Camina ligeramente a *otra* parte de la casa. No canta ahora. Se sienta y *cierra la boca.*

*not to open*
*another; closes his mouth*

De repente suena el teléfono: "¡Rin, rin!" Javier salta de su asiento. Camina al teléfono y lo *contesta*: "¿Diga?" Otra vecina está llamando. Es una señora; *vive* en el apartamento *al lado.* La señora le grita a Javier con voz muy alta. Javier *baja* la cabeza. Baja el teléfono también. Javier vuelve a la cama y *se cubre* la cabeza con su *almohada.*

*answers*
*she lives*
*next-door*
*lowers*
*covers (v.); pillow*

Después de treinta minutos, Javier se levanta y va a la puerta. Mira por la *mirilla*; no ve a *nadie.* Sale de su casa y va a la tienda. Les compra un *juego de tapones para los oídos* a todos sus vecinos.

*peephole; nobody*
*set of earplugs*

Javier regresa a su casa. Está muy contento porque resolvió su problema. *Envuelve* los tapones para los oídos en *papel de regalo.* Sale de la casa de nuevo, y camina al apartamento de cada vecino. Le da un regalo de tapones para los oídos a cada uno.

*he wraps*
*giftwrap*

Ahora le ha visitado a cada vecino, pero *le queda* un juego de tapones para los oídos. "¿Qué voy a hacer con éstos?" *se pregunta.* "No hay problema," se dice. "Yo los *guardaré* para *mí mismo.*"

*there remains*

*he asks himself*
*I will keep; myself*

Javier sonríe. Se siente muy contento. Suspira contentamente y se pone a cantar. Canta con voz alta. Después de un rato, oye a alguien que toca a la puerta. También oye el teléfono que llama.

Javier mira la puerta. Mira el teléfono. No camina a la puerta, y no contesta el teléfono. Se pone los tapones para los oídos, suspira profundamente, y sonríe. ¡Solución perfecta!

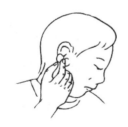

*Sí o No:*

1. Javier sueña con ser un taxista.
2. Javier practica todos los días.
3. Javier no hace reverencias.
4. Javier canta en la ducha por dos minutos y cinco segundos.
5. Un vecino de Javier toca a la puerta.
6. Javier está furioso.
7. Javier le canta al vecino.
8. Los vecinos van a la cama de Javier y se cubren las cabezas con su almohada.
9. Javier mira por la mirilla de la puerta.
10. Javier va a un restaurante elegante y canta.
11. Javier va al apartamento de cada vecino.
12. Javier se pone unos tapones para los oídos porque los vecinos cantan con voz alta.

# Lección ocho

## Un juego de video/A Video Game

*Vocabulario:*

aburrido- bored
¿Qué hay de nuevo?- What's new?
No hay nada que hacer- there's nothing
to do
prende la tele- turns on the TV
presiona- he presses
comparte- he shares
gana- he wins
pierde- he loses
compite- he competes
programas de realidad- reality shows

sólo- only
otra vez- again
juego- game
juega- he plays
con ánimo- with energy/enthusiasm
las manos- hands
la cabeza- head
los codos- elbows
hermanito- little brother
propio- (his) own
canguro- kangaroo

*Serie de acciones:*

1. Está aburrido. ¿Qué hay de nuevo?
2. Suspira. No hay nada que hacer.
3. Prende la tele.
4. Sólo hay programas de realidad.
5. Suspira otra vez.
6. Ve el juego de video Wii.
7. Prende el juego.
8. Toma el control remoto.
9. Escoge un título para jugar.
10. Mete el juego.
11. Juega con ánimo por cinco minutos.
12. Presiona los botones.
13. Se mueve las manos, la cabeza, los codos.
14. Aquí viene su hermanito.
15. Comparte el juego con él.
16. Le da su propio control remoto.
17. Compite con su hermanito.
18. ¡Ay! El canguro gana. ¡Ay, ay, ay!

*Preguntas de comprensión:*

1. ¿Está <u>aburrido</u> o <u>asqueroso</u>?
2. ¿Prende la <u>radio</u> o la <u>tele</u>?
3. ¿Hay <u>noticieros</u> o <u>programas de realidad</u>?
4. ¿Ve un <u>juego de video</u> o un <u>juego de porcelana</u>?
5. ¿Toma el <u>control roto</u> o el <u>control remoto</u>?
6. ¿Juega con <u>ánimo</u> o con <u>animales</u>?
7. ¿Presiona los <u>boletos</u> o los <u>botones</u>?
8. ¿<u>Se mueve</u> la cabeza, o <u>se corta</u> la cabeza?
9. ¿Viene el <u>hermanito</u> o el <u>hipocondríaco</u>?
10. ¿<u>Compite</u> o <u>combate</u>?

.

*¡Dramatización!*
*Rivalidad entre hermanas/Sibling Rivalry*

*Nuevo vocabulario:*

todo el día- all day
cansado- tired
piensa- thinks

sala- living room
diécisiete- 17
treinta y seis- 36

Irene regresa a casa después de trabajar todo el día. Irene está cansada. Piensa en su juego de video favorito. Se prepara un refresco y se sienta en la sala. Toma el control remoto de la tele y prende la tele. Busca el control remoto de su Wii, pero no lo encuentra. ¿Dónde está el control remoto? Busca alrededor de la sala por dos (2) horas, diécisiete (17) minutos y treinta y seis (36) segundos. Después, se sienta y llora. Bebe su refresco, llora un poco más, y se suena la nariz. Suspira.

Magdalena, la hermana mayor de Irene, entra en la sala. Encuentra el control remoto del Wii inmediatamente y escoge un título para jugar. Comienza a jugar con ánimo. Sonríe y sonríe. Pero Irene la mira y se pone furiosa. Le dice, "Yo busqué el control remoto por dos horas, diécisiete minutos y treinta y seis segundos. ¡Dámelo!"

Magdalena le mira a Irene pero no comparte el control remoto. Sigue presionando los botones. Le dice, "Estoy ganando. Espérate tres horas, cuarenta y nueve minutos y veintiocho segundos más."

Irene se sienta y espera por tres horas, cuarenta y nueve minutos y veintiocho segundos más.

*Sí o No:*

1. Irene regresa a casa después de ir de pesca.
2. Irene está durmiendo.
3. Irene se prepara unas palomitas de maíz.
4. Irene busca su boleto.
5. Irene encuentra el control remoto.
6. Irene está muy, muy contenta.
7. Magdalena encuentra el control remoto.
8. Magdalena le da el control remoto a Irene.
9. Irene juega por 3 horas, 49 minutos, y 28 segundos

*Lectura*
*Una competencia entre canguros/*
*A Kangaroo Competition*

Un canguro que se llama Ernesto Vincente *se queja* porque no tiene nada que hacer. Piensa en esto por todo el día, pero no tiene ningunas ideas nuevas. *Ya ha completado* sus estudios, *ha jugado* juegos de video, y ha mirado varios programas en la tele. Suspira porque no puede pensar en nada más que le interese hacer.

*complains*

*he has already completed*
*has played*

*Afortunadamente*, Ernesto Vincente va a la tienda y *se encuentra con* un director famoso de programas de realidad. El director se llama Bernardo Teodoro. Bernardo Teodoro le invita a participar en un programa nuevo que va a filmar. Es un programa *sobre* los canguros que juegan al tenis. Ernesto Vincente le dice que *no sabe jugar* al tenis, pero el director le *asegura* que no necesita experiencia con el *deporte*, así que Ernesto Vincente acepta la invitación.

*fortunately*
*finds himself with*

*about*
*he doesn't know how to play*
*assures; sport*

*Por supuesto*, los canguros tienen *brazos cortos*, y por eso les es *difícil* jugar al tenis. Pero Ernesto Vincente juega con ánimo: se mueve la cabeza, los codos, y los brazos cortos lo más rápido posible.

*of course; short arms*
*difficult*

Por fin, Ernesto Vincente está cansado. No puede jugar más. "No *compito* más," le dice al director. "No *importa* que pierda el partido. Es bueno que el otro jugador *gane*."

*I'm not competing*
*matter*
*should win (subjunctive)* *

Bernardo Teodoro le sonríe a Ernesto Vincente. "*No te diste cuenta* de que el otro canguro todavía no está aquí? No es *hora de comenzar* el partido."

*didn't you realize*
*time to start*

Ernesto Vincente baja la cabeza. *¡Qué vergüenza!*

*How shameful!*

*Sí o No:*

1. Ernesto Vincente es un elefante.
2. Ernesto Vincente se queja porque no hay nada que hacer.
3. Ernesto Vincente quiere jugar un juego de video.
4. Ernesto Vincente va a un concierto.
5. Se encuentra con un director famoso de programas de realidad.
6. El director le habla a Ernesto Vincente.
7. El director le dice que Ernesto Vincente necesita experiencia con el tenis.
8. Ernesto Vincente acepta la invitación del director para participar en un programa de realidad.
9. Los canguros tienen brazos largos.
10. Les es difícil jugar al tenis.
11. Ernesto Vincente se mueve la nariz.
12. Ernesto Vincente está confundido (confused).

# Lección nueve

## Una visita con un amigo/A Visit with a Friend

*Vocabulario:*

quiere que venga- wants for him to come
una visita- a visit
conduce- drives (v).
el tráfico- traffic
aparca- park
en frente de- in front of
¿Qué es esto? - What is this?
humo negro- black smoke
las ventanas- the windows
huele- smells (v).

corre- runs (v).
directamente- directly
fuego- fire
la estufa- the stove
apaga el quemador-turn off the burner
echa harina- throws flour
la olla- the pot
aceite hirviente- boiling oil
ambos- both
bizcocho- cake

*Serie de acciones:*

1. "Rin, rin." El teléfono suena.
2. Contesta, "¿Diga?"
3. Es Carlos. Quiere que venga para una visita.
4. Sale para la casa de Carlos.
5. Conduce rápidamente.
6. No hay mucho tráfico hoy. ¡Qué bueno!
7. Aparca el coche en frente de la casa de Carlos.
8. ¿Qué es esto? ¡Humo negro viene de las ventanas!
9. Huele un olor horrible.
10. Corre directamente a la cocina.
11. Hay un fuego en la estufa.
12. Apaga el quemador y echa harina a la olla de aceite hirviente.
13. Ambos salen durante unos pocos minutos.
14. Más tarde, cuando vuelven, hay un bizcocho negro en la estufa.
15. Come el bizcocho.

*Preguntas de comprensión:*

1. ¿El teléfono suena o reina?
2. ¿Contesta el búfalo o el teléfono?
3. ¿Quiere Carlos una visita o un besito?
4. ¿Conduce ruidosamente o rápidamente?

5. ¿Aparca el coche o el cohete?
6. ¿Hay humo o hay hipo?
7. ¿Corre a la esquina o a la cocina?
8. ¿Hay un fuego o hay un foco?
9. ¿Comen un bicho o un bizcocho?

*¡Dramatización!*
*Las buenas intenciones/Good Intentions*

*Nuevo vocabulario:*

cumpleaños- birthday
novio- boyfriend/fiancé
ingredientes- ingredients
paquetes- packets
mezcla la masa- mixes the (cake) mix
el horno- the oven
se acuesta- lays down
siesta- nap
la leche- milk
se convierte- converts (turns into)

Guadalupe está muy emocionada porque hoy es el cumpleaños de su novio Marcos. Ella corre al supermercado y compra todos los ingredientes para un bizcocho. Regresa a casa, abre los paquetes, mezcla la masa, y pone el bizcocho en el horno. Después, se acuesta y duerme por dos horas, veintisiete minutos y cuatro segundos.

Mientras Guadalupe duerme, Marcos llega a la casa de ella. Llama a la puerta, pero nadie contesta. Espera con paciencia por cinco minutos; luego llama otra vez a la puerta. Grita, "¡Guadalupe!"

Marcos huele humo por la puerta. Derriba la puerta, corre a la cocina, y echa leche encima del bizcocho. El bizcocho se convierte en un pudín. Guadalupe se despierta, se levanta, y corre a la cocina. Cuando ella ve el pudín, lo come todo. No lo comparte con Marcos. Marcos se sienta en el piso y llora, pero Guadalupe está contenta. Le encanta el pudín.

*Sí o No:*

1. Guadalupe tiene un cumpleaños.
2. Marcos visita el supermercado.
3. Guadalupe compra los ingredientes para un pudín.
4. Guadalupe pone el bizcocho en el horno.
5. Guadalupe toma una siesta.
6. Marcos llama a Guadalupe por teléfono.
7. Guadalupe abre la puerta inmediatamente.
8. Marcos come el bizcocho.
9. Marcos come el pudín.
10. Marcos se sienta en el sofá.

## Lectura
## El día de la madre/Mother's Day

Es el día de la madre[1], y Raúl decide sorprenderle[2] a su mamá con un desayuno[3] especial. Raúl sólo tiene cinco años, pero sabe hacer el pan tostado[4]. Raúl va a la cocina para prepararlo.

Raúl entra en la cocina, encuentra el pan, y corta[5] un pedazo[6] para su mamá. Luego busca la mantequilla[7]. Pone la mantequilla en el pan. Hecho[8]. Por fin, Raúl mete el pedazo de pan en la tostadora[9].

*Me pregunto si hay dibujos animados[10] en la tele*, Raúl se dice. Raúl va a la sala, prende el televisor, y se sienta. ¡Olvida[11] el pan tostado completamente! Raúl mira cuatro programas. No se da cuenta[12] del pan tostado que se quema[13] en la cocina.

Mientras tanto, la mamá de Raúl se despierta. Ella huele el humo que ahora viene de la cocina. Corre a la cocina y ve el humo que sale de la tostadora. Saca el pan tostado de la tostadora. Desenchufa[14] la tostadora. "¿Raúl?" llama su mamá. "¿Dónde estás? Hiciste[15] este pan tostado?"

Raúl oye[16] a su mamá y recuerda[17] el pan tostado. Recuerda la tostadora en la cocina. Raúl se siente muy mal. Quería sorprenderle a su mamá, pero ahora no puede. Raúl mira el pan quemado y se pone a llorar. "Lo siento, mamá," dice el niño. "Fue sin querer.[18] Sólo quise hacerte el desayuuuuunoooooooooo," llora. "Perdóname, mamá... ahora no tengo nada para darte para el día de la madre."

La mamá de Raúl se arrodilla[19] en frente de Raúl, le mira, y le dice, "Tú eres el mejor regalo[20] de todos. Gracias por tu amor, mi'jo[21]."

1-mother's day
2-to surprise her
3-breakfast; 4-toast

5-cuts
6-piece; 7-butter
8-done
9-toaster
10-cartoons

11-he forgets
12-doesn't realize/pay attention to
13-is burning/burns

14-unplugs
15-did you make
16-hears; 17-remembers

18-it was an accident (it was w/o wanting to)

19-kneels
20-best gift
21-"mi hijo" (my son)

## *Identify the word or words which make(s) each statement **false**:*

1. Es el día del padre.
2. Raúl decide comer un desayuno especial.
3. Raúl tiene siete años.
4. Raúl va a la cocina para hacer un bizcocho.
5. Raúl corta el bizcocho.
6. Raúl pone la mantequilla en el televisor.
7. Raúl quiere ver programas de realidad en la tele.

8. El pan tostado se quema en la sala.
9. La mamá de Raúl ve el humo que sale del televisor.
10. Ella desenchufa el televisor.
11. Raúl oye la música.
12. Raúl recuerda el pudín.
13. Raúl se pone a reírse.
14. Raúl se arrodilla en frente de su mamá.
15. El mejor regalo de todos es el pan tostado.

# Lección diez

## El bizcocho negro/The Black Cake

*Vocabulario:*

tiene hambre- has hunger/is hungry
la refrigeradora- the refrigerator
la despensa- the pantry
allí- there
tampoco- neither (either)
dice- say(s)
quiere cocinar- wants to cook
algo- something

recuerda- remember
última- last
responde- respond(s)
famoso- famous
piden- (they) order
sabor vainilla- vanilla flavored
tosen- (they) cough
pagan- (they) pay

*Serie de acciones:*

1. Tiene hambre y corre a la cocina.
2. Abre la refrigeradora.
3. No hay nada que comer.
4. Busca en la despensa.
5. No hay nada allí tampoco.
6. ¿Qué va a comer?
7. Llama a su amigo Carlos por teléfono.
8. ¿Qué dice Carlos? ¿Quiere cocinar algo en su casa?
9. Recuerda el humo negro de la última visita.
10. Recuerda el bizcocho negro también.
11. Responde que NO.
12. Dice, "Vamos a un restaurante."
13. Carlos suspira, pero dice que sí.
14. Van a un restaurante famoso.
15. Piden un bizcocho de sabor vainilla.
16. El bizcocho llega.
17. El bizcocho es negro.
18. Huelen el bizcocho.
19. El bizcocho huele a humo.
20. Tosen.
21. Pagan, pero no comen el bizcocho.
22. Salen del restaurante muy de prisa.
23. ¡Qué horror!

1. ¿Tiene <u>hambre</u> o <u>alhambres</u>?
2. ¿Busca en la <u>despensa</u> o en la <u>prensa</u>?
3. ¿Recuerda el <u>polvo</u> o el <u>humo</u>?
4. ¿Recuerda el <u>bizcocho</u> o recuerda a <u>Pinocho</u>?
5. ¿El bizcocho <u>llora</u> o <u>llega</u>?
6. ¿<u>Pagan</u> o <u>pegan</u>?
7. ¿Salen de <u>prisa</u> o con <u>primos</u>?

*¡Dramatización!*
*Un poco de postre/A Little Dessert*

*Nuevo vocabulario:*

acompañarle- to accompany her
gozar- to enjoy
postre- dessert
recomienda- recommends
ambas- both

caro- expensive
la cuenta- the bill
¿Qué tienes?- What's the matter?
sigue- keeps on

Esperanza le invita a su amiga Bárbara a acompañarle al café para gozar de un poco de postre. Esperanza pide un postre muy caro, y lo recomienda a Bárbara también. Por eso, ambas muchachas piden el postre caro.

Esperanza y Bárbara comen el postre delicioso, y luego Esperanza pide la cuenta. El camarero les da la cuenta, y Esperanza comienza a toser. Tose y tose. Bárbara le pregunta, "¿Qué tienes?" Esperanza sigue tosiendo.

Por fin, Esperanza le dice, "Esta cuenta es muy alta. No tengo dinero."

Bárbara se ve muy sorprendida. "¿Por qué lo pediste? ¿Por qué lo recomendaste? ¿Y por qué me invitaste?" Bárbara considera el problema por un momento, y luego tiene una idea excelente. ¡Bárbara come la cuenta!

*Sí o No:*

1. Esperanza quiere comer un poco de postre en casa.
2. Bárbara recomienda que tosan muy fuerte.
3. Esperanza y Bárbara piden el mismo postre; no piden postres diferentes.
4. Esperanza come el postre, pero Bárbara no lo come.
5. Esperanza tose y tose al recibir la cuenta.
6. Bárbara le pega a Esperanza en la espalda.
7. La cuenta no es muy alta.
8. Esperanza no tiene dinero para pagar.

## Lectura
## Una receta nueva/A New Recipe

Micaela acaba[1] de llegar a casa del supermercado. Ha comprado dos pedazos de atún[2] que quiere preparar para la cena[3]. El único problema es que ella no tiene una receta para el atún.

*1- just*
*2- pieces of tuna*
*3- dinner/supper*

*"No hay problema,"* Micaela piensa. *"Seguramente[4] mi abuela[5] tiene una receta perfecta para hacerlo."* Micaela va a la cocina y toma el teléfono. Llama a su abuela, pero su abuela no contesta[6]. *"¿Dónde estará abuelita?"* Micaela se dice. *"¿Y a quién voy a llamar ahora?"*

*4- surely*
*5- grandmother*

*6- answer*

Micaela piensa en toda la gente que ella conoce[7] que sabrá[8] cocinar el atún. *"¿Sabrá mi tía[9] alguna receta magnífica?"* Pero de repente[10] Micaela recuerda una comida desastrosa[11] que preparó su tía hace una semana[12]. Luego piensa en su hermana mayor, Mariana. *"Pero no quiero admitirle a Mariana que necesito una receta de ella,"* se dice.

*7- knows; 8- who might know; 9- aunt*
*10- suddenly*
*11- disastrous*
*12- a week ago*

Por fin, Micaela va a la sala y prende la tele. *"Me pregunto si hay programas de cocinar en la tele esta noche."* Ella busca un programa de cocinar para mostrarle[13] cómo hacer el atún. Ve varios programas en varios canales[14]. Después de buscar por diez minutos, encuentra un programa de realidad. Los participantes en el programa cocinan unos insectos para comerlos (pues así viven[15] los participantes de los programas de realidad). *"Qué grotesco,"* piensa Micaela. *"Pero las especias[16] que están usando son interesantes. Me pregunto si esas especias funcionan igualmente[17] con el atún."*

*13- to show her*
*14- channels*

*15- well, that's how they live*

*16- spices*
*17- work equally (well)*

Micaela asa[18] el atún como vio[19] en el programa de realidad. Prueba[20] un poco, y le gusta mucho. *"Me pregunto si los insectos son buenos también,"* piensa.

*18- roasts; 19- saw*
*20- tastes*

*"Hmmmmmm..."*

## Sí o No:

1. Micaela quiere una receta buena para preparar su atún.
2. Micaela va a la casa de su abuela para obtener una receta.
3. Micaela llama a su tía para obtener una receta.
4. Micaela no llama a su hermana mayor.
5. Micaela ve una receta en un programa de realidad que ve en la tele.
6. Micaela no prepara el atún según (according to) la receta; eso es grotesco.

# Poesía
## Versos seleccionados de Rafael Pombo

Simón el bobito llamó al pastelero:
¡a ver los pasteles, los quiero probar!
-Sí, repuso el otro, pero antes yo quiero
ver ese cuartillo con que has de pagar.
Buscó en los bolsillos el buen Simoncito
y dijo: ¡de veras! no tengo ni unito.

A Simón el bobito le gusta el pescado
Y quiere volverse también pescador,
Y pasa las horas sentado, sentado,
Pescando en el balde de mamá Leonor.

Hizo Simoncito un pastel de nieve
Y a asar en las brasas hambriento lo echó,
Pero el pastelito se deshizo en breve,
Y apagó las brasas y nada comió.

Simón vio unos cardos cargando viruelas
Y dijo: -¡qué bueno! las voy a coger.
Pero peor que agujas y puntas de espuelas
Le hicieron brincar y silbar y morder.

Se lavó con negro de embolar zapatos
Porque su mamita no le dio jabón,
Y cuando cazaban ratones los gatos
Espantaba al gato gritando: ¡ratón!

Y cayó montado sobre la ternera
Y doña ternera se enojó también
Y ahí va otro brinco y otra pateadera
Y dos revolcadas en un santiamén.

Se montó en un burro que halló en el mercado
Y a cazar venados alegre partió,
Voló por las calles sin ver un venado,
Rodó por las piedras y el asno se huyó.

Empezando apenas a cuajarse el hielo
Simón el bobito se fue a patinar,
Cuando de repente se le rompe el suelo
Y grita: ¡me ahogo! ¡vénganme a sacar!

Simple Simon called to the pieman:
Let's see the pastries, I want to taste them!
Yes, replied the other, but first I _____
to see that quarter with which you'll _____.
He _____ in his pockets, the good li'l Simon
And said: Truly! I _____ none.

Simple Simon likes _____
And he _____ to become a fisherman too,
And he spends hours seated, seated,
Fishing in the bucket of Momma Leonore.

Simple Simon made a pastry of _____
And to roast it in the hungry embers he threw it
But the pastry was shortly undone,
And it _____ the embers, and Simon ate none.

Simon saw some thistles bearing pocks
And said: -Good! I'm going to gather them.
But worse than needles and tips of spurs
They made him jump and whistle and bite.

He washed with shoe black
Because his mommy gave him no soap,
And when the _____ were hunting mice
He frightened the cat _____ing: Mouse!

And he fell/mounted atop the calf
And Miss Calf got angry _____
And from there goes another bounce and a kick
And the two rolled in an instant.

He mounted a donkey that he found in the
_____
And to hunt deer he happily left,
Flew through the streets without _____ a deer
Tumbled over the stones, and the burro fled.

The ice hardly beginning to harden,
Simple Simon went off to _____,
When suddenly the floor breaks beneath him
And he _____: I'm drowning! Come get me out!

Trepándose a un árbol a robarse un nido,
La pobre casita de un mirlo cantor,
Desgájase el árbol, Simón da un chillido,
Y cayó en un pozo de pésimo olor

Ve un pato, le apunta, descarga el trabuco:
Y volviendo a casa le dijo a papá:
Taita yo no puedo matar pajaruco
Porque cuando tiro se espanta y se va.

Lo enviaron por agua, y él fue volandito
Llevando el cedazo para echarla en él
Así que la traiga el buen Simoncito
Seguirá su historia pintoresca y fiel.
   - By Rafael Pombo (1833-1912)

Climbing a tree to steal him a nest,
The poor little _____ of a blackbird singer,
Falling from the tree, Simon gives a shriek,
And he _____ into a well with a very bad odor

He _____ a duck, aims, shoots the musket:
And _____ home he said to dad:
Daddy, I _____ not kill the bird
Because when I shoot he gets frightened and goes
They sent him for _____ and he took off flying
_____ing the sieve to throw it in
So will he bring it, the good little Simon
He will continue his story, picturesque and faithful.

## *Actividades para gozar:*

You'll notice that each of the stanzas in Rafael Pombo's poem contains a separate "story." First, spend some time with the poem, getting a feel for its rhythm and patterns. Acquaint yourself with the humor and the word pictures expressed in the poem. Then, enjoy one or more of the following follow-up activities:

1.  Illustrate one of the tales told in the poem with your own, original drawings.
2.  Dramatize your favorite stanza using exaggerated body language, gestures, and facial expressions.
3.  Recite your favorite stanza for your class or your family, paying attention to intonation and rhythm.
4.  Set the poem to music and sing!

# Lección once

## El caballo heróico/ The Heroic Horse

*Vocabulario:*

monta- mounts
el caballo- the horse
trota- trots
el desierto- the desert
desmonta- dismounts
un arroyito- a little stream
mientras- while
una culebra- a snake
le muerde- bites him
la pierna- the leg
de nuevo- again, anew

se desmaya- faints
veneno- venom, poison
un pueblo cercano- a nearby town
el médico- the doctor
el alcalde- the mayor
le salva- saves him
averigua- figures out
un bandido- a bandit
le arresta- arrests him
le rescata- rescues him

*Serie de acciones:*

1. Monta a caballo.
2. El caballo trota.
3. El caballo entra en un desierto.
4. Desmonta para tomar agua de un arroyito.
5. Mientras bebe el agua, una culebra le muerde en la pierna.
6. Grita con horror.
7. Monta al caballo rápidamente.
8. Se desmaya a causa del veneno.
9. El caballo trota y trota, y por fin llega a un pueblo cercano.
10. El médico del pueblo le salva.
11. Pero el médico también llama al alcalde.
12. Después, el alcalde averigua que es un bandido.
13. El alcalde le arresta.
14. El caballo viene por la noche y le rescata.
15. Monta a caballo de nuevo.

*Preguntas de comprensión:*

1. ¿<u>Monta</u> o <u>mata</u> al caballo?
2. ¿El caballo <u>trota</u> o <u>trabaja</u>?
3. ¿Toma <u>agua</u> o toma <u>aspas</u>?
4. ¿Hay una <u>culebra</u> o un <u>columpio</u>?
5. ¿Le <u>muerde</u> o le <u>mueve</u>?
6. ¿Se <u>despluma</u> o se <u>desmaya</u>?
7. ¿El alcalde le <u>saca</u> o le <u>salva</u>?
8. ¿Es un <u>bibliófilo</u> o un <u>bandido</u>?
9. ¿Le <u>arregla</u> o le <u>arresta</u>?
10. ¿El caballo le <u>rescata</u> o le <u>resiste</u>?

*¡Dramatización!*
*Coco conoce a Curiosa/Coco Meets Curious*

*Nuevo vocabulario:*

perdido- lost
tiene sed- is thirsty (has thirst)
un cacto- a cactus
de adentro- within, inside
tiene miedo- is afraid (has fear)
morder- to bite

espinas- thorns
culebrea- slithers
al lado de- beside
triste- sad
agradece- thanks
inesperado(s)- unexpected

El caballo Coco está perdido.  Camina toda la noche, y se encuentra en un desierto.  Tiene sed y quiere agua.  Busca un arroyo, pero no lo encuentra.  Después, decide buscar un cacto. Encuentra un cacto grande y quiere tomar el agua de adentro, pero tiene miedo morder el cacto. El cacto tiene muchas espinas.

Curiosa la culebra culebrea al lado del cacto.  Ve a Coco el caballo allí.  Ve que Coco está triste. Le pregunta, "¿Qué tienes, Coco?" Coco le dice, "Quiero el agua del cacto, pero tengo miedo de las espinas."

Curiosa no tiene miedo de las espinas.  Curiosa muerde el cacto, y el agua flue de la planta. Coco toma el agua felizmente.  Le agradece a Curiosa:  "Gracias."

¡Qué amigos tan inesperados!

*Sí o No:*

1. Coco es un cocodrilo.
2. Curiosa es una canaria.
3. Coco tiene sed.
4. Encuentra un cacto pequeño.
5. Coco muerde el cacto.
6. El cacto no tiene espinas.
7. Curiosa habla con Coco.
8. Curiosa muerde el cacto.
9. Curiosa le agradece a Coco.
10. Los dos se hacen amigos.

## Lectura
## Coleta de la cárcel/Jailhouse Collette

Una culebra que se llama Coleta está perdida en el desierto. Ella no recuerda cómo llegar a su cueva[1]. Coleta culebrea por una distancia, pero se pone cansada. Hace mucho calor[2] afuera, y Coleta tiene sed. Por fin, ve un cacto. Coleta culebrea al cacto y trata de morderlo[3], pero las espinas son muy afiladas y le hacen daño[4] a la culebra. "¡Ay!" dice ella. "¿Qué voy a hacer?[5]"

1- cave

2- it's very hot

3- tries to bite it
4- they cause harm (hurt)
5- What am I going to do?

Unos minutos después, Coleta oye[6] las aguas corrientes de un arroyito. Ella culebrea hacia el sonido[7], pero se encuentra con un caballo que trota rápidamente en su dirección. Coleta piensa que el caballo quiere hacerle daño, así que ella le muerde la pata[8]. El veneno entra en la pata del caballo, y el caballo se desmaya en el desierto. ¡Coleta es victoriosa!

6- hears
7- sound

8- paw/leg

Pero, no... ¿qué es esto? Un señor desmonta del caballo. El señor mira la pata herida[9] de su caballo, averigua la causa, y comienza a buscar a Coleta. Coleta tiene miedo. Mientras el señor la busca, Coleta se escapa. Ella culebrea hacia un pueblo cercano para esconderse[10] allí.

9- injured leg

10- to hide herself

Cuando Coleta llega al pueblo, varios vecinos la ven[11]. Primero se encuentra con el médico del pueblo. El médico la persigue[12], pero Coleta se escapa. Después, se encuentra con el alcalde. ¡El alcalde tiene una pistola! Coleta tiene mucho, mucho miedo. Ella no quiere más problemas. Ella se para y permite que el alcalde le arreste.

11- see her

12- pursues her

Ahora Coleta vive en la cárcel[13] del pueblo. Ella es la mascota más famosa del pueblo. ¡Qué cosa tan inesperada!

13- jailhouse

## Preguntas de comprensión:

1. ¿Qué clase de animal es Coleta? (un cocodrilo, una culebra, un conejo)
2. ¿Dónde vive Coleta? (en una casa, en un coche, en una cueva)
3. ¿Qué tiempo hace? (hace calor, hace frío, está lloviendo)
4. ¿Qué le hace daño? (un cacto, un cocodrilo, un conejo)
5. ¿Quién se desmaya? (el cacto, el caballo, la culebra)
6. ¿Adónde va Coleta? (a una panadería, a un parque, a un pueblo)
7. ¿Quién tiene una pistola? (la culebra, el médico, el alcalde)
8. ¿Dónde vive Coleta después de su arresto? (en una casa, en una cárcel, en una cueva)

# Lección doce

## En la ropería/In the Clothing Store

*Vocabulario:*

la ropería- the clothing store
ve- sees
una blusa- a blouse
bonita- pretty
talla- size
apropiado(a)- appropriate
tocador- dressing room
se quita- takes off, removes

su propio(a)- her own
la nueva- the new one
se mira- looks at self
el espejo- the mirror
no me sirve- doesn't fit me
idéntica- identical
prueba- tries on
la cajera- the cashier

*Serie de acciones:*

1. Está en la ropería.
2. Ve una blusa muy bonita.
3. Busca la talla apropiada.
4. Busca un tocador.
5. Se quita su propia blusa.
6. Se pone la nueva.
7. Se mira en el espejo.
8. "¡Esta blusa no me sirve!"
9. Se quita la blusa y vuelve a ponerse su propia blusa.
10. Encuentra una blusa idéntica en otra talla.
11. No prueba ésta.
12. Va a la cajera y se la compra.
13. Regresa a casa y se pone la blusa nueva.
14. "¡Ésta no me sirve tampoco!"
15. Suspira y se sienta.

*Preguntas de comprensión:*

1. ¿Estuvo en la <u>panadería</u> o en la <u>ropería</u>?
2. ¿Vio una <u>blusa</u> o un <u>bloque</u>?
3. ¿Era <u>barata</u> o <u>bonita</u>?
4. ¿Necesitaba otra <u>talla</u> u otro <u>tamal</u>?
5. ¿Buscó un <u>tocador</u> o un <u>tomate</u>?
6. ¿Se <u>quita</u> o se <u>queja</u>?
7. ¿Se miró en el <u>espejo</u> o en la <u>espina</u>?
8. ¿Fue a la <u>cajera</u> o a la <u>mesera</u>?
9. ¿Regresó a <u>cama</u> o a <u>casa</u>?
10. ¿<u>Suspiró</u> o <u>sospechó</u>?

*¡Dramatización!*
*Raquel, la reina de la ropa/Raquel, the Clothing Queen*

*Nuevo vocabulario:*

el sábado- Saturday
el armario- wardrobe
tras- after ("one *after* another")
el precio- the price
para sí- for herself

Alicia va a ir a una fiesta el sábado. Busca un juego de ropa en el armario. Mira blusa tras blusa y falda tras falda, pero no le gusta nada.

Alicia llama a su amiga Raquel para ir de compras con ella. Las dos visitan una ropería popular. Alicia prueba una blusa elegante, y Raquel le dice que es muy bonita.

Alicia lleva la blusa a la cajera para comprarla. El precio es doscientos treinta y siete (237) euros. Alicia grita y llora, y luego se desmaya. Raquel se ríe y se compra la blusa para sí.

*Sí o No:*

1. Alicia va a ir a una fiesta el sábado.
2. Busca un gato en el armario.
3. Alicia no tiene ni blusas ni faldas.
4. Alicia y Raquel van de compras.
5. Visitan un restaurante.
6. Alicia se prueba una blusa elegante.
7. Alicia quiere comprar la blusa.
8. El precio es 324 euros.
9. A Alicia le gusta el precio.
10. Raquel es una amiga muy buena.

## Lectura
## Las éticas del trabajo/Work Ethics

Graciela trabaja en una ropería muy exclusiva en la ciudad de Barcelona, una ciudad grande que está en el nordeste[1] de España. Hay muchos turistas[2] que visitan la ropería todos los días. A Graciela le gusta mucho ayudarles[3] a encontrar su talla, a mostrarles[4] el tocador, etc.

*1- northeast*
*2- tourists*
*3- to help them*
*4- to show them*

Un sábado mientras Graciela está trabajando, un señor muy grande entra el la ropería. El señor le pregunta, "¿Tienen Uds. vestidos[5] de color azul[6]?" Graciela exclama, "Pues señor, ¡Ud. tiene los ojos verdes![7] Pero si quisiera probarse[8] un vestido azul, el tocador está allí."

*5- dresses;  6-blue*
*7- green eyes*
*8- if you'd like to try on*

El señor se pone a toser, luego se ríe a carcajadas[9], y Graciela comienza a reírse también. En ese momento, su esposa[10] abre la puerta de la ropería y entra en el edificio. Mira a su marido[11] y a Graciela y le dice al señor, "Vamos a otra tienda, querido[12]. Esta señora no toma su trabajo en serio[13]."

*9- guffaws*
*10- wife*
*11- husband*
*12- dear;  13- seriously*

## Preguntas de comprensión:

1. ¿Dónde trabaja Graciela? (en una florería, en una gasolinera, en una ropería)
2. ¿En que parte de España está Barcelona? (en el nordeste, en el noroeste, en el sur)
3. ¿Quiénes visitan la ropería? (los taxistas, los tomates, los turistas)
4. ¿Qué le gusta a Graciela? (ayudar a los turistas, ofender a los turistas)
5. ¿Cómo es el señor que entra en la ropería? (galán, gordo, grande)
6. ¿Qué busca el señor? (una vaca, un vampiro, un vestido)
7. ¿De qué color son los ojos de él? (azules, castaños, verdes)
8. ¿Quién tose? (Graciela, el señor, la esposa del señor)
9. ¿Quién se ríe? (Graciela, el señor, la esposa del señor) - 2 respuestas (answers)
10. ¿Qué abre la esposa de él? (el panfleto, el pañal, la puerta)
11. ¿Adónde van el señor y su esposa? (a otra florería, a otra gasolinera, a otra ropería)
12. ¿Quién no toma su trabajo en serio? (Graciela, el señor, la esposa del señor)

*Poesía*
*Rima XIII, por Gustavo Adolfo Bécquer*

Tu pupila es azul y, cuando ríes,
su claridad süave me recuerda
el trémulo fulgor de la mañana
que en el mar se refleja.

Your pupil is blue and, when you laugh,
It's soft clarity reminds me of
The tremulous brilliance of the morning
That in the sea reflects itself.

Tu pupila es azul y, cuando lloras,
las transparentes lágrimas en ella
se me figuran gotas de rocío
sobre una vïoleta.

Your pupil is blue and, when you cry,
The transparent tears inside
Appear to me drops of dew
Atop a violet.

Tu pupila es azul, y si en su fondo
como un punto de luz radia una idea,
me parece en el cielo de la tarde
una perdida estrella.

Your pupil is blue, and if in its depths
Like a point of light, radiates an idea,
It strikes me as, in the afternoon sky,
A lost star.

*Actividades para gozar:*

You'll notice that each of the stanzas in this poem by Gustavo Adolfo Bécquer stirs different emotions or creates different word pictures. First, spend some time with the poem, getting a feel for its rhythm and patterns. Then, enjoy one or more of the following follow-up activities:

1. Illustrate one of the "word pictures" from the poem with your own, original drawings.
2. Recite your favorite stanza for your class or your family, paying attention to intonation and rhythm.
3. Make a greeting card using one or more stanzas from the poem.
4. Set the poem to music and sing!

# Lección trece

## Un poco de helado/A Little Ice Cream

*Vocabulario:*

el parque- the park
hace calor- it's warm/hot
está sudando- is sweating
un banco- a bench
unos niños- some children
está comiendo- is eating
helado- ice cream
a la derecha- to the right
a la izquierda- to the left

nadie- nobody
llama- calls (v.)
apunta- points (v).
un árbol- a tree
estudia- studies
agarra- grabs
corre- runs
se tira- throws self
un lobo- a wolf

*Serie de acciones:*

1. Está en el parque con un amigo.
2. Hace mucho calor.
3. Está sudando.
4. Se sienta en un banco en la sombra de un árbol.
5. ¡Qué calor!
6. Ve a unos niños.
7. ¡Uno de los niños está comiendo un helado!
8. Mira a la derecha.
9. Mira a la izquierda.
10. Nadie está mirando.
11. Llama al niño.
12. El niño se para y dice, "¿Sí?"
13. Apunta a un árbol y pregunta, "¿Qué es eso?"
14. El niño estudia el árbol.
15. Agarra su helado y corre como loco.
16. El niño se tira al suelo y grita como un lobo.
17. Se come el helado y se ríe locamente.

*Sí o No:*

1. Está en un parqueadero.
2. Hace mucho calor.
3. Se sienta en un banco en la sombra de un edificio.
4. Un niño que está en el parque está comiendo papas fritas.
5. Mientras el niño mira un árbol, le roba el helado.
6. El niño se ríe locamente.

*¡Dramatización!*
*En el gimnasio/At the Gym*

*Nuevo vocabulario:*

la rueda de andar- the treadmill
millas- miles
medio- half
cansada- tired
¿Podrá hacerlo?- Can she do it?
conoce- knows, is acquainted with
hacer ejercicios- to do exercises
si hiciera más calor- if it were hotter

no quisiera- (she) won't want
el termóstato- the thermostat
eleva- elevates, raises (v).
deja de correr- stops running
apenas- hardly
la vendedora automática- vending machine
agotada- exhausted
le ofrece- offers her

Elisa está en el gimnasio. Está corriendo en la rueda de andar. Corre nueve millas y media. Quiere correr diez millas, pero está cansada y tiene calor. ¿Podrá hacerlo?

Alberto está en el gimnasio también. Alberto no conoce a Elisa, pero quiere conocerla. No quiere hacer ejercicios. No quiere correr en la rueda de andar. Sólo quiere conocer a Elisa.

Alberto observa que Elisa tiene calor. Alberto piensa, *Si hiciera más calor en el gimnasio, tal vez Elisa no quisiera correr.* Alberto corre al termóstato. Mira a la derecha. Mira a la izquierda. No ve a nadie. Eleva la temperatura.

Comienza a hacer más y más calor en el gimnasio. Elisa comienza a correr más lentamente. Luego deja de correr y apenas camina. Ahora está sudando mucho.

Alberto va a la vendedora automática y compra dos refrescos. Va a donde Elisa cae agotada y le ofrece una bebida. Elisa le dice, "Sí, gracias," agarra la bebida, y sale del gimnasio.

Alberto se tira al suelo y llora.

*Preguntas de comprensión:*

1. ¿Quién está en el gimnasio? (Elisa, Esperanza, Estela)
2. ¿Dónde está Elisa? (en el parque, en la góndola, en el gimnasio)
3. ¿Qué está haciendo? (está comiendo, está comprando, está corriendo)
4. ¿Dónde está corriendo? (en el parque, en la rueda de andar, en la ropería)
5. ¿Cuántas millas quiere correr? (diez, once doce)
6. ¿Quién más está en el gimnasio? (Alberto, Alfredo, Antonio)
7. ¿A quién quiere conocer Alberto? (a Elisa, a Esperanza, a Estela)
8. ¿Quiere Alberto hacer ejercicios? (sí, no)

9. ¿Quiere Alberto correr en la rueda de andar?  (sí, no)
10. ¿Quién observa que Elisa tiene calor?  (Alberto, Alfredo, Antonio)
11. ¿Quién corre al termóstrato?  (Alberto, Alfredo, Antonio)
12. ¿Qué eleva Alberto?  (el helado, la temperatura, el banco)
13. ¿Qué tiempo hace en el gimnasio?  (hace calor, hace frío, está lloviendo)
14. ¿Cómo corre Elisa?  (más lentamente, más locamente, más lógicamente)
15. ¿Quién está sudando?  (Elisa, Esperanza, Estela)
16. ¿Qué le ofrece Alberto a Elisa?  (una rana, un refresco, una roca)
17. ¿Quién sale del gimnasio?  (Elisa, Alberto, la máquina de vender)
18. ¿Adónde se tira Alberto?  (a un banco, en un sofá, al suelo)

## Lectura
## Helado para todos/Ice Cream for Everyone

Era¹ el sábado, y un lobo vagó² al parque principal de la ciudad. Hacía mucho calor, y el lobo tenía sed. No vio³ agua, pero vio a unos niños que estaban bebiendo refrescos. El lobo se sentó⁴ debajo de un árbol y estudió a los niños. Estudió los refrescos que tenían en las manos también.

*1- it was; 2- wandered*
*3- he didn't see*

*4- sat down*

Afortunadamente⁵, nadie notó la presencia del lobo, por lo menos al principio⁶. Cuando los niños corrieron⁷ a jugar un juego, el lobo se tiró hacia sus bebidas abandonadas y comenzó a beberlas. ¡Qué suerte!⁸

*5- fortunately*
*6- at least in the beginning*
*7- ran*
*8- What luck!*

El lobo apenas⁹ comenzaba a beber cuando alguien¹⁰ apuntó en su dirección. Era una señora de cabeza grande y manos grandes. La señora apuntó hacia el lobo y gritó. Luego la señora agarró el helado de un niño a su derecha y lo tiró hacia el lobo con fuerza¹¹.

*9- hardly; 10- someone*

*11- force*

El lobo miró a la señora con confusión, pero después se puso¹² a estudiar el helado. Probó¹³ un poquito. ¡Le gustó! El lobo se comió todo el helado con mucho gusto. Después de comer el último mordisco¹⁴, decidió que le encantaba la señora que se lo dio¹⁵ también. El lobo la miró con adoración y corrió hacia ella con gran emoción. Se tiró a la señora y comenzó a lamerle¹⁶. Entonces el lobo se fue¹⁷ del parque con mucha alegría.

*12- he began; 13- he tasted*

*14- the last morsel*
*15- who gave it to him*

*16- to lick her; 17- went from/left*

¿Y la señora? Pues, ella nunca dejó¹⁸ de correr.

*18- never stopped*

## Preguntas de comprensión:

1. ¿Quién vagó al parque? (un lobo, unos niños, una señora)
2. ¿Qué tiempo hacía? (hacía calor, hacía frío, hacía viento)
3. ¿Dónde se sentó el lobo? (debajo de un árbol, debajo de un helado, en una bebida)
4. ¿Quiénes corrieron a jugar? (las bebidas, los niños, el lobo y su señora)
5. ¿Quién apuntó en la dirección del lobo? (otro lobo, un niño, una señora)
6. ¿Qué agarró la señora? (una bebida, un helado, el lobo)
7. ¿Cómo tiró el helado la señora? (con alegría, con ánimo, con fuerza)
8. ¿Qué probó el lobo? (un bizcocho, el helado, un vestido)
9. ¿Quién le encantaba al lobo? (un niño, la señora, un taxista)
10. ¿Cómo se fue del parque el lobo? (con alegría, con ánimo, con fuerza)

## Otra versión

### Analice/Analyze:

Perhaps you noticed that the story on the previous page is in a different tense than in our earlier lessons, using different verb endings. Most of the verbs in our previous lessons are in the **present** tense, but the story "Helado para todos" is narrated in the **past** tense.

Check out another version of the same story below, this time in the **present** tense, as in those earlier stories. Then answer the questions that follow.

> Es el sábado, y un lobo vaga al parque principal de la ciudad. Hace mucho calor, y el lobo tiene sed. No ve agua, pero ve a unos niños que están bebiendo refrescos. El lobo se sienta debajo de un árbol y estudia a los niños. Estudia los refrescos que tienen en las manos también.
>
> Afortunadamente, nadie nota la presencia del lobo, por lo menos al principio. Cuando los niños corren a jugar un juego, el lobo se tira hacia sus bebidas abandonadas y comienza a beberlas. ¡Qué suerte!
>
> El lobo apenas comienza a beber cuando alguien apunta en su dirección. Es una señora de cabeza grande y manos grandes. La señora apunta hacia el lobo y grita. Luego la señora agarra el helado de un niño a su derecha y lo tira hacia el lobo con fuerza.
>
> El lobo mira a la señora con confusión, pero después se pone a estudiar el helado. Prueba un poquito. ¡Le gusta! El lobo se come todo el helado con mucho gusto. Después de comer el último mordisco, decide que le encanta la señora que se lo dio también. El lobo la mira con adoración y corre hacia ella con gran emoción. Se tira a la señora y comienza a lamerle. Entonces el lobo se va del parque con mucha alegría.
>
> ¿Y la señora? Pues, ella nunca deja de correr.

### Piénselo/Think about it:

1. Which tense/version do you think works best for this particular story? Why?

2. Where does the stress (the emphasis in pronunciation) fall in present-tense verbs with more than one syllable? Where does the stress fall in past-tense verbs?

3. What characteristic of orthography (writing, spelling) do you note in most of the past-tense verbs? Do you see any past-tense verbs that demonstrate an *exception* to this characteristic? See how many (exceptions) you can find in the version on page 45.

# Lección catorce

## Día de nieve/Snow Day

*Vocabulario:*

hace frío- it is cold
está nevando- it is snowing
se estira- stretches (v).
vestirse- to get dressed
se peina- to comb one's hair
se cepilla- to brush (one's hair/teeth)
escupe- spits
de repente- suddenly
nieva- it is snowing
escuela- school

*Serie de acciones:*

1. Hace frío.
2. Está nevando.
3. Se despierta. Se estira.
4. Se levanta y comienza a vestirse.
5. Se peina el pelo.
6. Se cepilla los dientes.
7. Escupe.
8. Se mira en el espejo.
9. De repente, ve algo por la ventana.
10. ¡Nieva! ¡No hay escuela!
11. Sonríe y regresa a cama.

*Preguntas de comprensión:*

1. ¿Está nevando o está nublado?
2. ¿Se despierta o se desapasiona?
3. ¿Se estima o se estira?
4. ¿Comienza a vestirse o a bañarse?
5. ¿Se certifica o se cepilla?
6. ¿Escala o escupe?
7. ¿Se mira o se mima?
8. ¿Sonríe o sonsaca?

*¡Dramatización!*
*Un día con papá/A Day with Dad*

*Nuevo vocabulario:*

la recámara- the bedroom
a despertarle- to wake her
mi hija- my daughter
se mueve- moves (v).
ni siquiera- not even
no te creo- I don't believe you

engañando- tricking
se queda- stays
se despide- says goodbye
pasan- go by
oye- hears
la verdad- the truth


Francisca está durmiendo cuando su papá entra en su recámara para despertarle. "Levántate, mi hija," le dice, "Está nevando y no hay escuela hoy."

Francisca se mueve, pero no se levanta. Ni siquiera abre los ojos. "No te creo, papá," responde ella. "Me estarás engañando." Y Francisca se queda en la cama.

Papá suspira y le dice, "Bueno, mi'ja, cree lo que quieras." Se despide y sale para el trabajo.

Varios minutos pasan. Francisca comienza a preguntarse por qué su papá no insistió en que se levantara. Abre un ojo, pero no lo ve, ni lo oye. Abre los dos ojos. Cuando todavía no ve a nadie, corre a la ventana. ¡Es la verdad! ¡Está nevando!

¡Qué emoción!


*Sí o No:*

1. Francisca está durmiendo cuando su papá entra en su recámara.
2. Su papá le dice que está lloviendo.
3. Francisca se levanta y se pone un impermeable y unas galochas.
4. Francisca se queda en cama porque no le cree a su papá.
5. Su papá insiste en que se levante y que vaya a la escuela.
6. Su papá tiene que trabajar hoy.
7. Francisca corre a la ventana a ver si está nevando.
8. Su papá le dijo la verdad.

## Lectura
## Un día con mamá/A Day with Mom

Hace frío, y Miguel no quiere levantarse. Se estira en la cama. *Necesito levantarme*, piensa. *Necesito vestirme para la escuela.* Pero Miguel no se levanta. Miguel se queda en la cama. Sonríe con todo el gusto de un niño flojo.[1]

1- *lazy*

De repente, Miguel oye a su mamá. "¡Miguel!" llama su mamá. "¿Dónde estás? Casi son las siete[2]... ¡levántate, por favor, mi'jo!"

2- *It's almost seven (o'clock)*

Miguel se queja[3] un poco, pero obedece a su mamá. Se viste rápidamente, se peina el pelo, se cepilla los dientes, y sale de su recámara. Tiene hambre, así que va a la cocina para buscar algo para el desayuno.[4] No ve a su mamá, pero encuentra un poco de cereal.

3- *complains*

4- *breakfast*

Después de comer el desayuno en silencio, Miguel busca a su mamá. No la encuentra en la sala.[5] No estaba en la cocina. Miguel se pregunta dónde estará. Por fin, encuentra a su mamá en su recámara de ella. ¡Su mamá está dormida![6] "No te creo," le dice Miguel. "Tú nunca te quedas[7] en la cama después de las siete. ¿Qué tienes?"

5- *living room*

6- *asleep*

7- *you never stay*

La mamá de Miguel no se levanta. Ni siquiera abre los ojos. "Lo siento, mi'jo," dice. "No me di cuenta[8] de que hoy es el sábado. Vuelve a la cama."

8- *I didn't realize*

## Preguntas de comprensión:

1. ¿Qué tiempo hace? (hace calor, hace frío, está nevando)
2. ¿Quién se estira en la cama? (Miguel, su mamá, su desayuno)
3. ¿Dónde se queda Miguel? (en la cama, en la cocina, en el concierto)
4. ¿Qué hora es? (casi las siete, las siete y media, las siete en punto)
5. ¿Quién se queja? (Miguel, su mamá, su desayuno)
6. ¿Qué busca Miguel? (el cepillo de dientes, el desayuno, su escuela)
7. ¿Quién habla con Miguel mientras desayuna? (su mamá, nadie, su reflejo)
8. ¿Dónde encuentra a su mamá? (en la cocina, en la sala, en su recámara)
9. ¿Por qué está en la cama su mamá? (está perdida, es el sábado, está engañandole)
10. ¿Qué día es hoy? (es el sábado, es un día de escuela)

# Lección quince

## Un viaje a México/A Trip to Mexico

*Vocabulario:*

que vaya -  that he go
el taxista- the taxi driver
respira- breathes
alivio- relief
paga- (he) pays
la esquina- the corner
la entrada- the entrance ticket
la señora- the lady
con permiso- with permission (excuse me)
puede- can/could
un kilómetro- a kilometer
¡Ay de mí!- Oh my!

*Serie de acciones:*

1. Quiere visitar el famoso Parque de Chapultepec en la Ciudad de México.
2. Sube al taxi y le dice al taxista que vaya a la calle *Paseo de la Reforma.*
3. El taxista conduce rápido.
4. No respira hasta llegar al parque.
5. Baja del taxi con alivio.
6. Le paga al taxista y le despide.
7. Camina a la esquina, pero no ve la entrada del parque.
8. Aquí hay una señora.
9. Con permiso, señora, ¿puede Ud. decirme dónde queda el parque?
10.  Está a seis kilómetros de aquí.
11. ¡Ay de mí!

*Comprensión:*

1. ¿Está el parque en la <u>ciudad</u> o en el <u>citoplasma</u>?
2. ¿Hablaba con el <u>taxidermista</u> o con el <u>taxista</u>?
3. ¿El taxista <u>conduce</u> o <u>condena</u>?
4. ¿No <u>respira</u> o no <u>respalda</u>?
5. ¿Baja con <u>almuerzo</u> o con <u>alivio</u>?
6. ¿Le <u>despide</u> o le <u>despluma</u>?
7. ¿<u>Camina</u> o <u>cancela</u> a la esquina?
8. ¿Está el parque a seis <u>kilos</u> o a seis <u>kilómetros</u>?

*¡Dramatización!*
*El problema de los ascensores/The Trouble with Elevators*

*Nuevo vocabulario:*

luna de miel- honeymoon
subrepticiamente- surreptitiously
el florista- the florist
unas flores- some flowers
querida(o) esposa(o)- dear spouse
el ascensor- the elevator

se siente alarma- (she) feels alarm
descubre- (she) discovers
ha desaparecido- has disappeared
tarda- is delayed, takes long time
cambia de opinión- changes (her) mind
las escaleras- the stairs

Dos turistas están pasando su luna de miel en la Ciudad de México. Fabio se levanta temprano por la mañana y sale del hotel subrepticiamente mientras Camila duerme.

Fabio visita al florista cerca del hotel. Encuentra unas flores muy hermosas allí. Huele las flores y decide comprárselas para su querida esposa Camila. Vuelve rápido al hotel para dárselas. Cuando llega al hotel, espera el ascensor por ocho (8) minutos.

Mientras tanto, Camila se despierta. Se siente alarma cuando descubre que su querido esposo ha desaparecido. Se viste y corre para el ascensor para ir a buscar a su amor, pero el ascensor tarda tanto que Camila cambia de opinión y toma las escaleras.

Así que mientras Fabio se sube para reunirse con Camila, Camila se baja, y los dos no se encuentran.

EL TRISTE FIN

*Sí o No:*

1. Dos turistas pasan su luna de miel en Barcelona.
2. Los dos duermen hasta el mediodía.
3. Fabio se levanta temprano por la mañana.
4. Camila se levanta temprano también.
5. Fabio visita el parque zoológico.
6. Fabio encuentra unas flores hermosas y se las compra para Camila.
7. Fabio vuelve al hotel y sube las escaleras inmediatamente.
8. Camila se levanta y descubre que su esposo ha desaparecido.
9. El ascensor llega muy rápido.
10. Los dos se reunen y se abrazan y se besan.

## Lectura
## Las prioridades/Priorities

Un taxista que se llama Leandro estaciona su taxi en el parque de estacionamiento de su negocio[1]. Leandro suspira con alivio. ¡Qué día tan largo[2]! Leandro está cansado. Quiere volver a casa. Quiere descansar[3], hablar con su familia, comer algo… no quiere conducir[4] ni siquiera un kilómetro más.

1- *his business*

2- *long*
3- *to rest*
4- *to drive*

De repente ve a una señora que camina hacia él desde la esquina. La señora le está mirando. *¡Ay de mí!* piensa Leandro. *Espero[5] que ella vaya a la oficina[6]. Espero que no esté buscando un taxi.* Pero la señora se acerca[7] a él.

5- *I hope;* 6- *the office*

7- *draws near*

La señora mira al taxista con determinación. "Con permiso, señor," dice ella. "Necesito su ayuda[8]. Hoy es el primer[9] día de mi luna de miel, pero he perdido a mi esposo. Quiero encontrarle tan rápido como sea posible. ¿Me puede llevar a hablarle a un detective, por favor?"

8- *help;* 9- *first*

Leandro mira a la señora con simpatía[10], pero no quiere ayudarle. "Lo siento, señora," le dice, "pero no creo que su esposo esté perdido. Creo que su esposo está con mi cena[11], frente a mi televisor, mirando mi programa favorita, sólo unos pocos kilómetros de aquí. Cuando yo los encuentro, se lo mando[12] a Ud. Adiós."

10- *sympathy*

11- *dinner*

12- *I'll send him*

## Preguntas de comprensión:

1. ¿Quién es un taxista? (Leandro, Lidia, Luis)
2. ¿Cuál es la profesión de Leandro? (es taxista, es taxidermista, es telefonista)
3. ¿Dónde estaciona Leandro su taxi? (en el garaje, en el parque de Chapultepec, en el parque de estacionamiento)
4. ¿Cómo suspira Leandro? (con alegría, con alivio, con emoción)
5. ¿Qué quiere hacer Leandro? (ver vacas, vestirse, volver a casa)
6. ¿A quién ve Leandro? (a un señor, a una señora, a otro taxista)
7. ¿Adónde quiere Leandro que vaya ella? (al océano, a la oficina, al optometrista)
8. ¿Cómo le mira la señora? (con determinación, con dilección, con disgusto)
9. ¿Qué quiere la señora? (encarcelar a su esposo, encelar a su esposo, encontrar a su esposo)
10. ¿Por qué no quiere ayudarle el taxista? (porque no tiene simpatía, porque su cena está perdida, porque está cansado)

# Lección dieciséis

## Un vuelo a Barcelona/A Flight to Barcelona

*Vocabulario:*

inmediatamente- immediately
despega- takes off
aeromoza- flight attendant
muestra- show(s), (v).
abrocha el cinturón- fastens the seatbelt
acaba de despegar- just took off
cómodo- comfortable

*Serie de acciones:*

1.  Tiene que salir inmediatamente.
2.  El avión despega pronto.
3.  "Perdón, aeromoza, ¿me muestra mi asiento, por favor?  No lo encuentro."
4.  Se sienta.
5.  Abrocha el cinturón de seguridad.
6.  El avión acaba de despegar.
7.  No puede mirar nada por la ventana; un señor muy grande se sienta allí.
8.  El señor duerme.
9.  "Con permiso, señor, puedo tomar su asiento?  Quiero ver por la ventana."
10. "Sí, con mucho gusto."
11. Mueve al  asiento del señor.
12. Ay, no.  Este asiento no es muy cómodo.
13. ¡Vaya!

*Preguntas de comprensión:*

1.  ¿Tiene que salir o tiene que saltar?
2.  ¿El avión desaparece o despega?
3.  ¿Habla con el aire o con la aeromoza?
4.  ¿Le muestra su asiento o su alimento?
5.  ¿Abrocha el cinturón o al cínico?
6.  ¿El avión despista o despega?
7.  ¿No puede mirar o mimar?
8.  ¿El señor duda o duerme?
9.  ¿Quiere ver o vagar por la ventana?
10. ¿Es incómodo o incompleto?

*¡Dramatización!*
*¡Abróchese!/Buckle Up!*

*Nuevo vocabulario:*

un elefante- an elephant
en barco- by boat/ship
demasiado- too much
trata de- tries to
pronto- soon
se pone de pie- gets to his feet
la etiqueta- the nametag
la banda- the scarf
sirve- serves
pasajeros- passengers

Un elefante decide viajar a Barcelona. Tiene miedo de los aviones, pero no puede hacer el viaje ni en carro (eso es ridículo) ni en barco (eso tarda demasiado). No, necesita volar en avión. El elefante sube al avión y encuentra su asiento. Trata de abrochar el cinturón de seguridad, pero no puede. Esto es un problema porque el avión va a despegar pronto.

"¡Aeromoza!" llama el elefante. La aeromoza viene a su lado inmediatamente. El elefante le muestra el problema. La aeromoza trata de ayudarle, pero no puede abrocharle el cinturón tampoco.

Por fin, la aeromoza tiene una idea. Ella indica que el elefante se levante, así que el elefante se pone de pie. La aeromoza toma su asiento, abrocha el cinturón de seguridad, y le da su etiqueta y su banda al elefante. La aeromoza sonríe y descansa durante el vuelo, y el elefante les sirve a los pasajeros.

*Sí o No:*

1. Un canguro decide viajar a Barcelona.
2. Tiene miedo de los autobuses.
3. Necesita viajar en avión.
4. El elefante no encuentra su asiento.
5. Trata de abrochar el cinturón de seguridad, pero no puede.
6. La aeromoza no oye al elefante.
7. El elefante tiene una idea.
8. El elefante le da su asiento a la aeromoza.
9. La aeromoza le da un canguro al elefante.
10. La aeromoza les sirve a los pasajeros.

## Lectura
## Bartoli y el piloto/Bartoli and the Pilot

| | |
|---|---|
| Un gato[1] que se llama Bartoli quiere hacer un viaje al Congo para ver los elefantes allí. No quiere ver los elefantes en los parques zoológicos; piensa que éstos no son auténticos[2]. Prefiere ver los animales en su propio hábitat. ¡Va a la África! | *1- cat* <br><br> *2- authentic* |
| Bartoli corre subrepticiamente a un avión, creyendo[3] que su destino[4] es el Congo, y comienza a subirse al avión. Una aeromoza lo ve inmediatamente y le grita, pero Bartoli está determinado, así que no le pone atención. Pero de repente el avión despega, y el gato se asusta[5] mucho. Bartoli salta y maulla[6] con miedo, y los pasajeros lo ven y se ríen mucho. ¡El pobre[7] gato! | *3- believing* <br> *4- destination* <br><br><br> *5- is frightened* <br> *6- meows* <br> *7- poor* |
| Después de sufrir[8] esa experiencia, el gato se siente muy aterrorizado[9]. Decide salir del avión y del aeropuerto. *¿Cómo llegar al Congo ahora?* se pregunta. | *8- suffering* <br> *9- terrified* |
| Bartoli camina y camina. Por fin, se encuentra en un parque. Se siente muy triste. Otro gato que vive en el parque lo ve y le pregunta, "¿Qué tienes, amigo?" | |
| Bartoli no conoce al gato, pero decide hablarle sobre su experiencia. El otro gato escucha atentamente[10]. Luego le dice a Bartoli, "Ven conmigo[11], Bartoli. Creo que tengo una solución." | *10- attentively* <br> *11- come with me* |
| *¿Será posible?* piensa Bartoli. Pero los dos caminan a un edificio cercano[12]. Entran en el edificio, suben unas escaleras, y se acercan a un grupo de señores. Bartoli se pregunta quiénes serán, y cómo ayudarán. *Interesante*, piensa. Bartoli se sienta y espera. | *12- nearby* |
| Uno de los señores se pone de pie cuando ve al otro gato. El señor le habla al gato con mucho respeto. *Parece[13] que este gato es un tipo muy importante*, piensa Bartoli. Bartoli mira mientras el gato le explica[14] al señor el problema entero. Después, el gato le da instrucciones al señor. *¡Qué raro!*[15] piensa Bartoli. | *13- It appears* <br><br> *14- explains* <br> *15- How strange* |
| El señor mira a Bartoli y se presenta formalmente.[16] "Soy su piloto personal hoy, Bartoli," dice. "Entiendo que Ud. quisiera | *16- introduces self formally* |

visitar el Congo. Si Ud. está listo,[17] vamos inmediatamente."
Bartoli no puede creer su suerte.[18] ¡Su propio piloto!
El piloto le guia[19] al avión y le muestra un asiento grande y
cómodo. Bartoli se sienta en el asiento y le maulla, "¿Me
abrocha el cinturón de seguridad, por favor?"

17- *ready*
18- *his luck*
19- *guides*

"Claro que sí," le responde el piloto. "Y aquí está la aeromoza
con sus meriendas."[20] Bartoli está muy contento. ¡Su propia
aeromoza! ¡Sus propias meriendas! Bartoli trata de agarrar
una merienda, pero la merienda desaparece.[21] La aeromoza y
el piloto desaparecen, también.

20- *snacks*

21- *disappears*

Bartoli se despierta. Se estira y abre los ojos. Todavía está en
el edificio con el otro gato. Ve a los señores también. Pero
nadie le habla al otro gato con respeto, y ninguno de ellos le
ofrece un vuelo a la África a Bartoli. *¿Es posible que dormía[22],
que soñaba con[23] todo eso?* piensa Bartoli. *Qué desilusión.*
Mira al otro gato. "Con permiso, creo que me dormí. Lo
siento[24] mucho. Ud. me ofreció una solución a mi problema,
¿verdad? ¿Qué opina[25] Ud.?

22- *was sleeping*
23- *was dreaming*

24- *I'm sorry*
25- *What do you think?*

El otro gato le sonríe a Bartoli. "Estos señores tienen un barco
cerca de aquí. El barco sale hoy para la África. ¿Estás
interesado?"

Bartoli se frota[26] los ojos. *¿Estará durmiendo?*

26- *rubs*

## Preguntas de comprensión:

1. ¿Cómo se llama el gato? (Bartoli, Bernardo, Botones)
2. ¿Adónde quiere ir? (a California, al Congo, a Cuba)
3. ¿Por qué quiere viajar al Congo? (a ver las culebras, a ver los elefantes, a ver los otros gatos)
4. ¿Cómo corre Bartoli al avión? (sarcásticamente, sorprendidamente, subrepticiamente)
5. ¿Quién ve a Bartoli? (una aeromoza, una artista, una asesina)
6. ¿Qué le asusta al gato? (la aeromoza, el avión, el elefante)
7. ¿Quiénes se ríen? (los pasajeros, los pasaportes, los patines)
8. ¿Cómo se siente Bartoli? (acusado, aterrorizado, estimado)
9. ¿Adónde va? (al parque, al patio, a la panadería)
10. ¿Con quién se encuentra? (con un elefante, con un gato, con un señor)
11. ¿Adónde caminan? (a un edificio, a un elefante, a una escuela)
12. ¿Qué suben? (unos elefantes, unas escaleras, una montaña)
13. ¿Quién se duerme? (Bartoli, el piloto, el elefante)
14. ¿Cuál es la solución del otro gato? (viajar por autobus, barco, tren)

# Lección diecisiete

## Un hotel en Madrid/A Hotel in Madrid

*Vocabulario:*

moderno- modern
la llave- the key
la habitación- the room
el quinto piso- the fifth floor
el equipaje- the luggage
sirven- they serve

la cena- the dinner/supper meal
cuelga- hangs up
cierra las cortinas- closes the curtains
sin- without
próximo(a)- next

*Serie de acciones:*

1. Acaba de llegar a su hotel.
2. ¡Qué hotel más moderno!
3. Pide la llave de su habitación.
4. Espera el ascensor.
5. Sube al quinto piso en el ascensor.
6. Encuentra su habitación.
7. Abre la puerta y entra en la habitación con su equipaje.
8. ¡Qué habitación más cómoda!
9. Se sienta en la cama, pero no hay tiempo para dormir.
10. Tiene hambre.
11. Llama al restaurante del hotel.
12. Le pregunta a la señora, "¿A qué hora sirven la cena?"
13. Cuelga y cierra las cortinas.
14. Decide esperar por diez (10) minutos.
15. Se duerme sin querer.
16. Cuando se despierta, es la próxima mañana.
17. ¡Vaya!

*Preguntas de comprensión:*

1. ¿Acaba de llegar o de llenar?
2. ¿Es moderno o mojado el hotel?
3. ¿Pide la llave o la llama?
4. ¿Sube al quinto pico o al quinto piso?
5. ¿Encuentra su habichuela o su habitación?
6. ¿Lleva su equipaje o su equilibrio?
7. ¿Es cómoda o compacta la habitación?
8. ¿Tiene alambres o tiene hambre?
9. ¿Cierra las cortinas o las corbatas?
10. ¿Cuelga a la recepcionista o cuelga el teléfono?

*¡Dramatización!*
*Hora de cenar/Time for Dinner*

*Nuevo vocabulario:*

los/las turistas- the tourists
desean- they wish/desire
acostarse- to go to bed
el conserje- the concierge
le gustan- likes
finge- (he) pretends
no comprender- not to understand
experimenta dificultades- to experience difficulty
cada vez más- more and more
los huéspedes- the guests
quejarse- to complain

Un par de turistas llega a su hotel en Madrid. Suben con su equipaje al quinto piso. Están cansadas y piensan pasar la noche en su habitación. Desean tomar la cena allí, ver un programa en la tele, y acostarse temprano.

El problema se presenta cuando Amarilis llama al conserje. Le pregunta en pleno español, "¿A qué hora sirven la cena?" pero al conserje no le gustan los turistas americanos, y éste finge no comprender la pregunta. Conchita observa que su amiga experimenta dificultades en entenderse. Toma el teléfono y le repite la pregunta al conserje.

Esta vez, el conserje decide fingir que no oye bien a Conchita, así que Conchita sigue repitiendo la pregunta con voz cada vez más alta: "¿A qué hora sirven la cena?" hasta que los otros huéspedes comiencen a llamar al conserje para quejarse de Amarilis y Conchita.

*Sí o No:*

1. Amarilis y Conchita están cansadas.
2. Piensan salir de su habitación.
3. Amarilis baja las escaleras para hablarle al conserje.
4. El conserje es muy professional.
5. El conserje finge no comprender a Amarilis.
6. Conchita le repite la pregunta de Amarilis.
7. Los otros huéspedes no están en sus habitaciones.
8. Amarilis cuelga el teléfono antes de dárselo a Conchita.

## Lectura
## Glauco el gruñon/Glauco the Grouch

Hay un conserje que se llama Glauco que vive y trabaja en un hotel moderno de Barcelona. Glauco es un poco gruñón;[1] no le gustan mucho los turistas extranjeros.[2] Estos huéspedes le irritan[3] mucho porque le parece[4] que siempre desean algo. O[5] tienen hambre y desean comida, o piden ayuda con su equipaje, o tienen preguntas... y cuando no vienen con sus pedidos[6] y sus preguntas, ¡es porque están quejándose! Se quejan porque las camas no les son cómodas. Dicen que la comida está fría. Se quejan cuando el ascensor tarda. Pierden sus llaves. Etcétera. *Son imposibles*, piensa Glauco. *Absolutamente imposibles.*

1- grouchy
2- foreign
3- irritate him
4- it seems to him
5- o= either, or
6- requests

Una tarde después de soportar[7] los muchos pedidos, preguntas, y quejas de los turistas, Glauco se pone muy frustrado. *Estoy harto[8] de todos estos turistas*, piensa. *La próxima vez que me hacen una llamada no les voy a ayudar.* Y Glauco se frunce[9] con irritación.

7- tolerating

8- fed up
9- frowns

Sólo pasan unos momentos, y el teléfono suena de nuevo. Ve que la llamada viene de la habitación de las turistas americanas que acaban de llegar. *Por supuesto,[10]* piensa. Glauco se pone una sonrisa[11] artificial. "¿Diga?" contesta.

10- of course
11- a smile

La señora comienza a hablarle inmediatamente. "¿A qué hora sirven la cena?" pregunta.

*Ay de mí, su acento es terrible*, piensa Glauco. *Casi[12] no habla el español.* Glauco se frunce y finge no comprender a la señora. A esto, la señora se repite varias veces. Glauco está al punto de colgar[13] el teléfono cuando oye la voz de otra señora. Ésta habla mejor,[14] pero Glauco todavía no tiene ganas[15] de ayudarles. Con esta señora, el conserje finge no oír bien.

12- almost

13- about to hang up
14- better
15- feel like

Esta estrategia no le sirve bien. La señora sigue repitiendo su pregunta cada vez más alto. Mientras tanto, las otras líneas telefónicas se iluminan[16] también. Glauco mira el teléfono con disgusto. Mira las luces iluminadas, Mira el auricular,[17] el ascensor, el vestíbulo,[18] y el mostrador[19] alrededor de él. Y Glauco se quita el chaleco[20] con su etiqueta, se pone su chaqueta, y sale del hotel con una sonrisa grande (y una risita[21] también).

16- light up
17- telephone receiver
18- lobby; 19- counter
20- jacket
21- little laugh/giggle

*Sí o No:*

1. Glauco es un conserje.
2. Vive en Madrid.
3. Trabaja en un restaurante moderno.
4. Glauco es un gruñon.
5. Le gustan mucho los turistas extranjeros.
6. Glauco les irrita a los huéspedes.
7. Los huéspedes desean mucha ayuda.
8. Glauco se pone unas galochas.
9. El hotel tiene un teléfono en la recepción.
10. Una turista americana le llama a Glauco por teléfono.
11. La señora habla muy bien el español.
12. Glauco tiene ganas de ayudar.
13. El conserje finge no ver bien.
14. Glauco tira el auricular por el vestíbulo.
15. Glauco se quita su chaqueta.
16. Se ríe un poquito.

# Lección dieciocho

## Perdido en el centro/Lost Downtown

*Vocabulario:*

manejando- driving
el centro- downtown
se da cuenta- realizes
perdido- lost
despacio- slowly
lee las señales- reads the signs
las calles- the streets

empieza- begin(s)
en reverso- in reverse
la bocina- the horn
da una vuelta- turns
en medio- in the middle
sigue recto- keep(s) going straight
para el coche- stops the car

*Serie de acciones:*

1. Está manejando en el centro de la ciudad.
2. Se da cuenta de que está perdido.
3. Maneja más despacio.
4. Lee las señales de las calles.
5. ¿Habrá pasado la calle Cordón?
6. Empieza a manejar en reverso.
7. Un señor detrás de su coche toca la bocina.
8. Suspira y da una vuelta en medio de la calle.
9. Sigue recto.
10 ¿Dónde está esa calle?
11. Para el coche en medio de la calle y llora.

*Preguntas de comprensión:*

1. ¿Manejaba o manducaba?
2. ¿Estaba perdido o peludo?
3. ¿Manejaba desdichado o despacio?
4. ¿Leía las señales o los sentimientos?
5. ¿Iba para aterrizar o para atrás?
6. ¿Le tocó el señor su boca o su bocina?
7. ¿Dio una vuelta o un vuelo?
8. ¿Siguió recto o rectángulo?
9. ¿Paró o pasó el coche?
10. ¿Lloró o se burló?

*¡Dramatización!*
*Saliendo con Gertrudis/Out with Gertrudis*

*Nuevo vocabulario:*

emocionante- exciting
navega- navigates
dobla- turn(s), (v).
sigue- follows
un rato- a while
se preocupa- worries
admitir- to admit
e- and

Ignacio y Gertrudis están haciendo un viaje emocionante al centro para visitar un restaurante nuevo.  Ignacio maneja mientras Gertrudis le navega.  Gertrudis le dice, "Dobla a la derecha en la calle Aldomóvar," e Ignacio sigue sus direcciones.  Gertrudis le dice, "Dobla a la izquierda en la calle Urbano," e Ignacio todavía sigue sus direcciones.  Ésto sigue por más de media hora.

Después de un rato, Gertrudis se da cuenta de que ha cometido un error, pero no quiere admitirlo.  Finge ser inocente aún mientras Ignacio se preocupa por el problema.  Ignacio da vuelta tras vuelta porque no quiere pedirle direcciones de nadie.  Gertrudis comienza a llorar, e Ignacio para el coche a un lado de la calle y llora también.

Cuando Ignacio y Gertrudis abren los ojos, ven que están delante del restaurante.  Se ríen y entran.

*Sí o No:*

1.  Van a visitar un restaurante nuevo.
2.  Gertrudis maneja el coche.
3.  Gertrudis es muy honesta.
4.  Ignacio le pide direcciones de un señor.
5.  Gertrudis no admite que cometió un error.
6.  Ignacio está preocupado.
7.  Los dos lloran por causa del problema.
8.  Descubren que están delante del aeropuerto.

## Lectura
## La eficiencia/Efficiency

Es el día de la boda[1] de Manolo. Manolo sube a su coche y empieza a conducir a la iglesia.[2] Mientras conduce, piensa en su novia.[3] Piensa en el matrimonio. Piensa en las casas y los niños y la familia. Manolo se pone nervioso y empieza a sudar un poco.

1- *wedding*
2- *church;* 3- *bride*

Mientras Manolo piensa en todo esto, pasa la calle San Miguelito donde debe[4] doblar. Sigue cuatro cuadras[5] antes de darse cuenta de su error. *¿Estoy perdido?* piensa con pánico. Manolo lee las señales de las calles, pero no las reconoce.[6] Empieza a conducir más despacio, pero una señora detrás de él se enoja[7] y toca la bocina. Manolo se pone aún más nervioso. *Voy a tardar*, piensa.

4- *he should*
5- *blocks*
6- *recognize*
7- *gets mad*

Manolo deja[8] que la señora le pase, luego da la vuelta en medio de la calle. Para el coche al otro lado de la calle y saca su mapa. Mira el mapa frenéticamente[9] mientras oye el "tic, tic, tic" de su reloj. ¡Ay!

8- *lets*

9- *frantically*

Manolo se preocupa por las direcciones por un rato cuando de repente un señor se le acerca. El señor ve que Manolo está perdido y quiere ayudarle. "Señor," le habla el desconocido,[10] "¿Acaso[11] está perdido?"

10- *stranger*
11- *by any chance*

El pobre novio no quiere admitirlo, pero necesita la ayuda del otro señor. "Si Ud. me navega," le dice, "Va a salvar mi boda." Y Manolo suspira con alivio.

"Pues, amigo," le dice el señor. "Es bueno que Ud. se perdiera[12] aquí. Yo soy el ministro;[13] soy yo quien hace la ceremonia."

12- *that you got lost*
13- *minister*

## Preguntas de comprensión:

1. ¿Para quién es hoy un día especial? (para un desconocido, para San Miguelito, para Manolo)
2. ¿Qué le va a ocurrir hoy? (su aniversario, su boda, su cumpleaños)
3. ¿Adónde va? (a casa, a la iglesia, a un restaurante del centro)
4. ¿Por qué se pone nervioso Manolo? (Gertrudis le navega, piensa en el matrimonio, suda)
5. ¿Dónde debe doblar? (con pánico, en San Miguelito, sin desconocidos)
6. ¿Quién se enoja? (el desconocido, Manolo, una señora)
7. ¿Cómo mira el mapa? (con alivio, felizmente, frenéticamente)
8. ¿Quién quiere ayudarle a Manolo? (un desconocido, su novia, una señora)
9. ¿Cómo suspira Manolo? (con alivio, felizmente, frenéticamente)
10. ¿Quién es el señor? (el ministro, el novio, un pobre)

# Lección diecinueve

## En el consultorio del médico/In the Doctor's Office

*Vocabulario:*

dolor de cabeza- headache
el consultorio- the doctor's office
saber- to know
el motivo- the reason
medicina- medicine
le duele la espalda- his back hurts
le duele el estómago- his stomach hurts
le duele el cuello- his neck hurts

le duele la rodilla- his knee hurts
le duelen los brazos- his arms hurt
se preocupa- worries (v).
hacer un chequeo general- do a physical
un análisis de orina- a urinalysis
un análisis de sangre- a blood test
una radiografía- an X-ray
un electrocardiograma- an EKG

*Serie de acciones:*

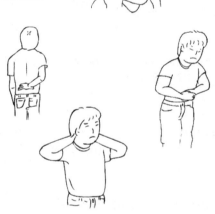

1. Se levanta muy despacio, porque tiene dolor de cabeza.
2. Visita el consultorio del Dr. Sánchez.
3. El médico quiere saber el motivo de su visita.
4. Quiere medicina, así que le dice que...
   a. le duele la espalda, y
   b. le duele el estómago, y
   c. le duele el cuello, y
   d. le duele la rodilla, y
   e. le duelen los brazos.
5. El médico se preocupa mucho al oír esto.
6. Responde que...
   a. va a hacer un chequeo general.
   b. va a hacer un análisis de orina.
   c. va a hacer un análisis de sangre.
   d. va a hacer una radiografía.
   e. va a hacer un electrocardiograma.
7. Se levanta y sale corriendo.

*Preguntas de comprensión:*

1. ¿Tiene dolor de <u>cabeza</u> o de <u>calabaza</u>?
2. ¿Visita el <u>consulado</u> o el <u>consultorio</u>?
3. ¿Quiere <u>medicina</u> o una <u>merienda</u>?
4. ¿Le <u>duele</u> o le <u>duerme</u> el estómago?
5. ¿Le duele el <u>codo</u> o el <u>cuello</u>?
6. ¿Le duele la <u>rodilla</u> o el <u>bocadillo</u>?
7. ¿Le duelen los <u>brazos</u> o los <u>besos</u>?
8. ¿Va a hacer un <u>chequeo</u> o un <u>cheque</u>?
9. ¿Analizan la <u>orina</u> o la <u>orilla</u>?
10. ¿Sale <u>comiendo</u> o <u>corriendo</u>?

*¡Dramatización!*
*Volando por la nieve/Flying through the Snow*


*Nuevo vocabulario:*

los trineos- the sleds
una colina escarpada- a steep hill
lastima- hurts/injures
herida- wounded

sin embargo- nevertheless
no se rompieron- they didn't break
tienen suerte- they are lucky
la cuenta- the bill


Está nevando, y Hugo y José deciden montar en sus trineos. Los dos amigos bajan una colina muy escarpada. El trineo viaja rápidamente. Hugo se cae del trineo y lastima la cabeza. José se cae y lastima el brazo derecho.

Hugo y José vuelven a sus casas llorando. Sus papás los llevan al consultorio del médico. El médico no les pregunta el motivo de su visita cuando ve la cabeza herida de Hugo. "¿Te duele la cabeza mucho?" le pregunta a Hugo. "¿Te duele el cuello o la espalda?"

Hugo le indica que no le duelen, así que el médico no se preocupa mucho. Sin embargo, el médico hace un chequeo general. Después, les hace una radiografía.

¡Qué bueno! No se rompieron ni la cabeza ni el brazo. Tienen suerte... hasta recibir la cuenta.

 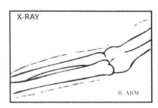

*Sí o No:*

1. Está lloviendo.
2. Hugo y José montan en bicicleta.
3. La colina es pequeña.
4. Hugo lastima la cabeza.
5. José lastima el brazo izquierdo.
6. Los dos se ríen mucho.
7. Sus papás los llevan al consultorio del médico.
8. A Hugo le duele el cuello.
9. El médico se preocupa mucho.
10. El médico hace un análisis de orina.
11. No se rompieron nada.
12. La cuenta es muy alta.

## Lectura
## Pacientes problemáticos/Problematic Patients

El doctor Sánchez se levanta tarde y se apura[1] para no tardar en llegar al consultorio. Se preocupa un poco porque no quiere incomodar[2] a sus pacientes, pero al llegar descubre que nadie le espera. De hecho,[3] no tiene citas[4] por más de una hora. *¡Qué bueno!* piensa el médico. *¿Podrá descansar[5] por un rato?*

1- *hurries*
2- *inconvenience*
3- *indeed*
4- *appointments*
5- *rest*

El pobre médico acaba de sentarse en su sillón[6] cuando alguien abre de golpe[7] la puerta. Entra un señor que se frunce con dolor. El señor ve al médico y se le acerca inmediatamente. "Perdón, Doctor Sánchez," dice el señor, "pero no pude[8] llamarle primero. Doctor, me duele todo el cuerpo.[9] Espero que me pueda ayudar."

6- *armchair*
7- *bursts through*
8- *couldn't*
9- *body*

El doctor Sánchez le indica a su paciente inesperado que pase al consultorio. Después, el señor se acuesta en la camilla[10] mientras el médico le hace sus preguntas preliminarias. "Quisiera que me diga un poco más sobre el motivo de su visita," le dice. "¿Puede describir el dolor que tiene más específicamente?"

10- *patient bed*

El paciente traga[11] nerviosamente. Mira al médico y le anuncia,[12] "Pues doctor, como digo, me duele el cuerpo entero. Me duelen la espalda, el estómago, el cuello, la rodilla, y aún los brazos. Creo que necesita medicina."

11- *swallows*
12- *announces*

El médico estudia a su paciente con asombro.[13] "Esto me preocupa," le dice. "Sin saber[14] la causa de sus dolores, es necesario que hagamos unas pruebas," le dice, "incluso un chequeo general, un análisis de orina, una radiografía, y tal vez un electrocardiograma. Espere aquí por un momento mientras le llamo a la enfermera." Y el médico sale al pasillo.

13- *amazement*
14- *without knowing*

Cuando vuelve al cuarto, su paciente problemático ha desaparecido. *Qué raro*, piensa el médico. *Me pregunto dónde estará.*

Pero no hay tiempo para perder; de repente entran dos pacientes diferentes, un par de muchachos que tienen varios heridos. "¿Un accidente?" les pregunta el Doctor Sánchez. "Pues, pasen al consultorio. Espero que Uds. no sean de los que desaparecen."[15]

15- *disappear*

*Preguntas de comprensión:*

1. ¿Cómo se llama el médico?  (el doctor Sánchez, la espalda, se apura)
2. ¿Cuándo se levanta el doctor Sánchez?  (específicamente, tarde, temprano)
3. ¿Por qué se apura?  (para correr, para incomodar, para no tardar)
4. ¿Dónde trabaja?  (en un consultorio, en un sillón, en una tienda)
5. ¿Quién le espera?  (dos pacientes, nadie, un paciente)
6. ¿Qué quiere hacer el médico?  (descansar, esperar, trabajar)
7. ¿Quién entra en el consultorio?  (un señor, una señora, un sillón)
8. ¿Quién se frunce?  (el doctor, el paciente, la recepcionista)
9. ¿Qué no pudo hacer el señor?  (correr, llamar, trabajar)
10. ¿Qué le duele al señor?  (la camilla, el consultorio, el cuerpo)
11. ¿Dónde se acuesta?  (en la camilla, en el cuello, en el pasillo)
12. ¿Qué le pregunta el médico?  (el modo de su visita, el motivo de su visita, el momento de su visita)
13. ¿Quién traga?  (el doctor Sánchez, el paciente, el pasillo)
14. ¿Cómo traga?  (con asombro, con dolor, nerviosamente)
15. ¿Qué quiere el señor?  (un cuerpo entero, medicina, unas pruebas)
16. ¿Qué necesita hacer el médico?  (darle medicina, desaparecer, unas pruebas)
17. ¿Quién desaparece del consultorio?  (el médico, el paciente, la recepcionista)
18. ¿Quiénes entran después?  (dos pacientes, dos problemas, dos pruebas)

# Lección veinte

## El dentista/The Dentist

*Vocabulario:*

una manzana- an apple
dolor de muela- toothache
el baño- the bathroom
la boca- the mouth
saca la lengua- stick(s) out tongue
la camilla- the patient bed

un jarabe- a syrup
calmarle- to calm him/her/you
mareado- dizzy
extrae- extracts
lo siento- I'm sorry

*Serie de acciones:*

1. Está comiendo una manzana.
2. ¡Uy! Tiene dolor de muela.
3. Va al baño y se mira en el espejo.
4. Abre la boca y saca la lengua para ver la muela.
5. No puede ver nada.
6. Toma una aspirina, pero la muela todavía duele.
7. Decide visitarle al dentista.
8. Entra en el consultorio.
9. Se acuesta en la camilla.
10. El dentista le da un jarabe para calmarle.
11. Está mareado.
12. Ríe un poco.
13. El dentista extrae ocho (8) dientes.
14. "¿Ud. no es el Sr. Alarcón? ¡Lo siento!"

*Preguntas de comprensión:*

1. ¿Está comiendo una <u>manzana</u> o una <u>mandarina</u>?
2. ¿Tiene dolor de <u>mula</u> o de <u>muela</u>?
3. ¿Se mira en el <u>espejo</u> o en la <u>esponja</u>?
4. ¿Abre la <u>boca</u> o la <u>bola</u>?
5. ¿Saca la <u>lesión</u> o la <u>lengua</u>?
6. ¿Se acuesta en el <u>camino</u> o en la <u>camilla</u>?
7. ¿Le da el dentista un <u>jarabe</u> o una <u>jarra</u>?
8. ¿Está <u>mimado</u> o <u>mareado</u>?
9. ¿Extrae ocho <u>dientes</u> o <u>diablos</u>?

*¡Dramatización!*
*Sacando una muela/Extracting a Tooth*

*Nuevo vocabulario:*

estimado- esteemed
cuidadosamente- carefully
cierra- closes
le suplica- beseeches him/her/you
negar con la cabeza- "says no" with the head (shakes head "no")
manda- sends
vierte- pours
los alicantes- the pliers
se reclina- reclines

El doctor Cardenas es el dentista muy estimado de un consultorio muy popular en el centro. Hoy mira los dientes de Alfredo, que está en la camilla número siete (7). Alfredo tiene dolor de muela y está llorando.

El doctor Cardenas le toca el diente cuidadosamente, pero Alfredo grita. El doctor Cardenas espera un momento y toca el diente con su instrumento, pero Alfredo grita y cierra la boca. El dentista le suplica, "Abre la boca y saca la lengua, por favor," pero Alfredo niega con la cabeza y llora.

Por fin, el dentista manda por una botella de jarabe para calmarle. Mientras lo vierte, Alfredo se levanta, toma los alicantes, va al espejo, y se extrae su propia muela.

Alfredo le muestra la muela al dentista, sonríe, y sale del consultorio. El doctor Cardenas se reclina en su propia camilla. Mira sus instrumentos, sus jarabes, y su consultorio. Suspira y llora.

*Sí o No:*

1. El doctor Cardenas es el médico estimado de un consultorio en el centro.
2. Alfredo tiene dolor de estómago.
3. Alfredo está en la camilla número siete.
4. Alfredo es muy cooperativo.
5. Alfredo abre la boca y saca la lengua.
6. El dentista le extrae la muela.
7. El paciente toma el jarabe.
8. El paciente toma los alicantes y se extrae la muela.
9. El dentista está muy feliz.
10. El dentista sale del consultorio.

## Lectura
## Alfredo, Dentista

Alfredo está sufriendo[1] de un dolor de muela horrible. No puede comer casi nada[2] porque le duele la boca muchísimo. Su mamá le suplica que trate[3] de comer algo, pero Alfredo niega con la cabeza y rehusa comer. "Déjame[4] ver la muela," dice su mamá. "Abre la boca, mi'jo." Pero Alfredo le dice que no.

La pobre mamá del muchacho no sabe[5] qué hacer. Alfredo está llorando, y ella no quiere ver a su hijo así. "Lo siento, Alfredo," le dice. "No quiero que sufras más. El Doctor Cardenas es un dentista estimado. Yo sé que él puede ayudarte."[6] Y la señora le manda a su hijo al dentista.

Alfredo está nervioso, pero va al consultorio del Dr. Cardenas. Cuando entra en la sala de espera,[7] estudia a los otros pacientes cuidadosamente. Todos parecen muy calmados,[8] pero Alfredo todavía tiene miedo. Corre al cuarto de baño y se mira en el espejo. Saca la lengua y trata de ver la muela en cuestión, pero la muela le duele tanto que el movimiento[9] de la boca le hace sentir mareado.

Cuando por fin le toca[10] a Alfredo ver al dentista, le mandan a la camilla número siete. Alfredo mira los instrumentos del dentista con mucho miedo. Mira los alicantes en particular y comienza a llorar. No se reclina en la camilla; no puede calmarse.

El Doctor Cardenas se acerca a Alfredo y le sonríe. "Vamos a ver esa muela," dice. Alfredo abre la boca un poquito, pero cuando el dentista le toca[11] el diente, Alfredo siente un dolor increíble. Grita en voz alta y casi salta de la camilla. El dentista vuelve a tocarle el diente, esta vez con su instrumento, pero ésto es aún peor.[12] Alfredo decide no permitirle al dentista más oportunidades para herirle. El muchacho cierra la boca obstinadamente.[13]

Alfredo piensa en el asunto[14] por un momento mientras el dentista se ocupa con una botella de jarabe a su lado. *Si no saco[15] esta muela, el dentista me la va a sacar*, piensa. *Yo sé que lo haría yo[16] cuidadosamente, pero no sé si este Doctor Cardenas sea tan cuidadoso. No, lo voy a hacer yo mismo.* Y Alfredo se extrae la muela rápidamente. *¡Fácil!*[17] se dice. *¡Yo debo ser[18] dentista!*

Alfredo le lleva la muela al Doctor Cardenas, se la muestra, y sale sonriendo. ¡Qué alegría! Su dolor ha desaparecido.

1- suffering
2- almost nothing
3- try
4- let me

5- know

6- I know that he can help you

7- waiting room
8- seem very calm

9- movement

10- it's his turn

11- touches

12- even worse

13- obstinately

14- matter
15- if I don't take out
16- I know that I'll do it

17- easy; 18- I should be

*Preguntas de comprensión:*

1. ¿Quién está sufriendo?  (Alfredo, alicantes, el dentista)
2. ¿Por qué está sufriendo?  (le duele la muela, su dentista es horrible, su mamá le ayuda)
3. ¿Qué puede comer?  (manzanas, nada, pizza)
4. ¿Qué rehusa hacer Alfredo?  (caminar, comer, correr)
5. ¿Quién es el Doctor Cardenas?  (un dentista, un médico, un paciente)
6. ¿Cómo está Alfredo?  (calmado, furioso, nervioso)
7. ¿Adónde va para mirarse?  (al baño, a la camilla, al pasillo)
8. ¿Por qué está mareado?  (por la confusión, por el dolor, por el espejo)
9. ¿Quién no se puede calmar?  (Alfredo, alicantes, el dentista)
10. ¿Quién sonríe?  (Alfredo, el dentista, la mamá de Alfredo)
11. ¿Qué hace Alfredo?  (come una manzana, cierra la boca, toma un jarabe)
12. ¿Cómo cierra la boca?  (cuidadosamente, obstinadamente, rápidamente)
13. ¿Quién extrae la muela?  (Alfredo, el dentista, la mamá de Alfredo)
14. ¿Cómo le fue la extracción?  (difícil, fácil, peor)
15. ¿Quién sale del consultorio?  (Alfredo, el dentista, la mamá de Alfredo)
16. ¿Cómo sale Alfredo?  (obstinadamente, sonriendo, sufriendo)

# Lección veintiuno

## El arte del esquí/The Art of Skiing

*Vocabulario:*

aceptar- to accept
esquiar- to ski
fin de semana- weekend
permitir- to permit
preguntar- to ask
diecinueve coma tres (19,3) = 19.3

creer- to believe
prestar- to lend
pide prestado- to ask for the loan (of)
romper- to break
reemplazar- to replace
¡Caramba! - interjection (Gracious!)

*Serie de acciones:*

1.  Acepta una invitación para ir a esquiar este fin de semana.
2.  Va a su mamá y papá para pedirles permiso.
3.  Les pregunta a sus padres diecinueve coma tres (19,3) veces en seis minutos.
4.  ¡Sus padres permiten que vaya!
5.  ¡No lo puede creer!
6.  Hay un problema; no tiene ningunos esquís.
7.  Pide prestado un par de esquís de su vecino.
8.  ¡Ay, no!  Rompe los esquís inmediatamente!
9.  Ahora tiene que trabajar este fin de semana para que pueda reemplazar los esquís rotos.
10. ¡Caramba!

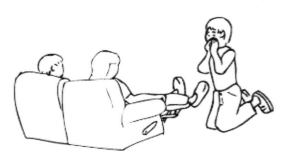

*Preguntas de comprensión:*

1.  ¿Acepta una invitación o rehusa una invitación?
2.  ¿Va a escalar o va a esquiar?
3.  ¿Les pide su paraguas o su permiso a sus padres?
4.  ¿Les pide 19,3 vacas o 19,3 veces?
5.  ¿Permiten que vaya o que vague?
6.  ¿No lo come o no lo cree?
7.  ¿Necesita esqueletos o necesita esquís?
8.  ¿Le pide prestado un par de esquís de su bocina o de su vecino?
9.  ¿Roba o rompe los esquís?
10. ¿Tiene que trabajar o traducir?

*¡Dramatización!*
*Mala suerte/Bad Luck*

*Nuevo vocabulario:*

las cosas- (the) things
mala suerte- bad luck
saben- they know
el asunto- the matter
que rehuse- that he refuse
le había dicho- he had told him/her/you
gozar- to enjoy
¡Qué lástima!- how sad

Tomás le presta sus esquís favoritos a su amigo David.  David no quiere aceptarlos.
Dice que siempre se cae y rompe las cosas.  Tiene miedo de romper los esquís de
Tomás.

Tomás no cree que sea posible que David tenga tan mala suerte.  "Pues, si no me crees,
pregúntale a Cecilia," dice David.  "Pregúntale a Joaquín.  Ellos saben la verdad."

Pero Tomás no permite que David hable más del asunto.  No permite que David rehuse
los esquís, tampoco.

Exactamente como le había dicho, David rompe los esquís.  Ahora David tiene que
trabajar en vez de gozar del resto de sus vacaciones.  Tiene que comprarle un par nuevo
de esquís a Tomás.  ¡Qué lástima!

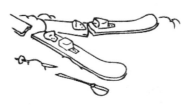

*Sí o No:*

1. Tomás le presta un par de zapatos a David.
2. David quiere aceptar el préstamo de los esquís.
3. David siempre se cae y rompe las cosas.
4. David tiene mala suerte.
5. Tomás no le cree a David.
6. Tomás le pregunta a Cecilia.
7. David rehusa el préstamo de los esquís.
8. Tomás rompe los esquís.
9. David tiene que trabajar ahora.
10. David tiene que comprarle un par nuevo de galochas a Tomás.

## Lectura
## Tito Tacaño/Stingy Tito

Tito Tacaño es un tiburón[1] que vive en las aguas canarias de España. A Tito <u>no</u> le gusta prestarles sus cosas a los demás;[2] ni siquiera[3] permite que los otros tiburones las toquen.[4] No, Tito es un tiburón muy pero muy tacaño.

1- shark
2- others; 3- not even
4- touch them

Un día mientras Tito está nadando,[5] ve a un amigo que tiene un juguete[6] nuevo. El juguete es brillante e interesante, y Tito se pone bastante[7] curioso. *¿Qué será esa cosa tan rara, tan única?*[8] Tito se pregunta. *Cómo quisiera verla.*

5- swimming; 6- toy
7- rather
8- unique

Tito nada casualmente en la dirección del objeto fascinante, fingiendo todo el tiempo una despreocupación[9] con el asunto. Pero la verdad es que este tiburón tan tacaño está completamente interesado en el juguete. ¡Apenas puede controlarse![10]

9- indifference

10- he can hardly control himself

El problema es que su amigo, un pez globo[11] que se llama Gonzalo, ve a Tito y averigua[12] sus intenciones. *Este tiburón no me engaña a mí,*[13] piensa. *Yo sé sus motivos.* Gonzalo está determinado que no va a permitirle nada a Tito. ¡Absolutamente nada!

11- pufferfish
12- ascertains
13- doesn't fool me

Tito se acerca a su amigo y le sonríe. "¿Qué hay de nuevo?"[14] le pregunta. "¿Y qué cosa conseguiste?"[15] Pero Gonzalo esconde[16] el juguete detrás de la espalda.

14- what's new
15- did you get
16- hides

"No lo creo,"[17] le dice Gonzalo. "Tú nunca compartes tus cosas preciosas, pero ahora quieres ver mi juguete. Pues, no acepto tu actitud. No, señor."

17- I don't believe it

Tito le mira a su amigo ofendido. Mira su aleta[18] que esconde el objeto de su atención. Mira la cara, la expresión de Gonzalo. Y Tito se siente triste.[19] ¡Muy, pero muy triste!

18- fin

19- sad

"Lo siento, amigo," le dice humildemente.[20] "Ya comprendo cómo te hice sentir. Yo tenía miedo compartir mis cosas, porque creía que mis amigos las perderían[21] o las romperían. Ya me arrepiento."[22]

20- humbly

21- would lose them
22- I repent

Los dos amigos se sonríen. Tito se alegra por haber aprendido[23] esta lección sobre la amistad.[24] Gonzalo se alegra por el cambio[25] en su amigo. Y los dos gozan de una amistad linda[26] por el resto de sus vidas.

23- for having learned
24- friendship
25-change; 26- lovely

*Preguntas de comprensión:*

1. ¿Quién es Tito Tacaño? (un taco, un tiburón, un tomate)
2. ¿Cómo es Tito? (es tacaño, es terrible, es tolerante)
3. ¿Dónde vive Tito? (en las aguas canarias, en el juguete, en un pez globo)
4. ¿Qué no le gusta a Tito? (compartir, competir, correr)
5. ¿Qué está haciendo Tito un día? (nadando, navegando, nombrando)
6. ¿Qué ve? (un jarabe, una jarra, un juguete)
7. ¿Cómo es el juguete? (bajo, brillante, burlón)
8. ¿Quién es el pez globo? (Glauco, Gonzalo, Guadalupe)
9. ¿Qué averigua Gonzalo? (el idioma de Tito, la ignorancia de Tito, las intenciones de Tito)
10. ¿Quién esconde el juguete? (Glauco, Gonzalo, Tito)
11. ¿Dónde lo esconde? (detrás del edificio, detrás de la espalda, detrás de la escuela)
12. ¿Quién está ofendido? (Glauco, Gonzalo, Tito)
13. ¿Quién se siente triste? (Glauco, Gonzalo, Tito)
14. ¿Qué no acepta Gonzalo? (la actitud de Tito, el idioma de Tito, el juguete de Tito)
15. ¿Quién tenía miedo? (Glauco, Gonzalo, Tito)
16. ¿Quién se arrepiente? (Glauco, Gonzalo, Tito)
17. ¿Qué aprende Tito? (un deporte, un idioma, una lección)
18. ¿De qué gozan los dos amigos? (de su amistad, de un deporte, del juguete)

# Lección veintidós

## Aprendiendo a montar en una motocicleta

*Vocabulario:*

aprender- to learn
motocicleta (moto)- motorcycle
leer- to read
estudiar- to study
concesionario- motorcycle dealership

un casco- a helmet
se marcha- leaves
la cara- the face
en vez de- instead of

*Serie de acciones:*

1. Quiere aprender a montar en una motocicleta.
2. Va a la biblioteca y encuentra un libro sobre el asunto.
3. Se sienta en la biblioteca y lee el libro.
4. Estudia por 11 horas, 37 minutos, y 58 segundos.
5. Decide que está listo para montar en una moto.
6. Sale de la biblioteca y va a un concesionario.
7. Busca la moto ideal.
8. Pide permiso del dependiente para probarla en carretera.
9. Se pone un casco en la cabeza.
10. Se sube a la moto y se marcha.
11. Siente el viento en la cara, el sol en la espalda, y los insectos entre los dientes.
12. Decide que ya no quiere la moto.
13. Compra un helicóptero en vez de la moto.

*Preguntas de comprensión:*

1. ¿Quiere aprender a <u>montar</u> o <u>matar</u> en motocicleta?
2. ¿Va a la <u>biblioteca</u> o a la <u>bicicleta</u>?
3. ¿Lee el <u>león</u> o el <u>libro</u>?
4. ¿<u>Estampa</u> o <u>estudia</u>?
5. ¿Va a la <u>cocina</u> o va al <u>concesionario</u>?
6. ¿Busca un <u>mono</u> o una <u>moto</u>?
7. ¿Pide <u>perfume</u> o <u>permiso</u>?
8. ¿Va a probarla en <u>cacahuate</u> o en <u>carretera</u>?
9. ¿Se pone una <u>camilla</u> o un <u>casco</u>?
10. ¿Se <u>maquilla</u> o se <u>marcha</u>?
11. ¿Siente el viento en la <u>cara</u> o en la <u>cárcel</u>?
12. ¿<u>Come</u> o <u>compra</u> un helicóptero?

*¡Dramatización!*
*La moto nueva/The New Motorcycle*

*Nuevo vocabulario:*

biología- biology
le felicita- congratulates him
rehusa- refuses

le ruega- he begs
se inclina- leans
asombro- amazement

Juan acaba de comprarse una moto nueva y está muy emocionado. Monta en la moto y se va para la casa de su amiga Paula.

Paula está estudiando en casa para su curso de biología cuando llega Juan. Paula le sonríe y le felicita a Juan, pero no quiere montar en la moto. Quiere leer su texto de biología. Rehusa salir con Juan.

El pobre Juan comienza a llorar. Le ruega a Paula que se marche con él. Le ruega por 3 horas, 12 minutos, y 24 segundos.

Por fin, Paula acepta la invitación de Juan. Los dos montan en la moto y se marchan. Pero Paula tiene miedo de caerse de la moto y se inclina a la izquierda. Juan comienza a ponerse nervioso porque Paula se inclina a la izquierda, así que Juan se inclina a la derecha.

Por fin Paula se cae de la moto. Juan se ríe locamente, vuelve a la casa de Paula, y come su libro de biología. Cuando Paula ve que Juan ha comido su libro, Paula come la moto de Juan. Paula se ríe locamente, y Juan le mira con asombro.

*Sí o No:*

1. Juan acaba de comprarse un helicóptero.
2. Va a la casa de su amiga Paula.
3. Paula estudia para su curso de química.
4. Paula quiere montar en la moto de Juan.
5. Juan le ruega a Paula por 23 horas, 15 minutos, y 38 segundos.
6. Paula tiene miedo de caerse de la moto.
7. Los dos se inclinan a la izquierda.
8. Paula se cae de la moto, y Juan llora.
9. Juan come un taco en la casa de Paula.
10. Paula come la moto de Juan y se ríe locamente.

## Lectura
## *La moto nueva- lo que realmente pasó*
## *The New Motorcycle- What Really Happened*

Juan es un hombre[1] muy frugal, pero no es tacaño. Como es tan frugal, a Juan le molesta[2] el precio alto de la gasolina. No le gusta conducir su carro porque usa tanta gasolina. Por eso, Juan decide comprarse una motocicleta, pues las motos ahorran[3] mucho dinero por usar tan poca gasolina.

1- man
2- bothers
3- save

Juan encuentra una moto buena y la compra de segunda mano.[4] Llena el tanque de gasolina y sonríe. *Esto cuesta[5] mucho menos que mi coche,* piensa. *Sí, esto me va a ahorrar una gran cantidad de dinero.[6] Además[7], podré visitar más lugares[8] y a más amigos,* se dice.

4- second hand
5- costs
6- a lot of money
7- besides; 8- places

Juan conduce la moto nueva a la casa de su amiga Paula. Casi no puede esperar para mostrarle[9] su juguete nuevo. *Espero[10] que Paula esté en casa,* piensa. *Seguramente le va a gustar esta moto.*

9- to show her
10- I hope

Por fin llega a la casa de su amiga y sube las escaleras corriendo. Toca a la puerta con gran anticipación. Mira su motocicleta orgullosamente,[11] y vuelve a mirar la puerta con impaciencia. *Ábrela,* piensa. Un momento más tarde Paula aparece[12] en la puerta, pero se ve cansada y preocupada. "¿Qué tal?" le pregunta Juan. "¿Ves mi moto nueva?"

11- proudly
12- appears

Paula echa una ojeada[13] a la moto, pero no se emociona mucho. "¿Quieres dar un paseo[14] conmigo?" dice Juan. "Compré un casco extra. ¡Vámonos al lago!" Juan camina a la moto rápidamente y agarra los cascos.

13- casts a glance
14- go for a ride

"Pues Juan, te felicito con todo el corazón,"[15] dice Paula, "Pero de veras no puedo.[16] Sabes, tengo un examen de biología mañana y no estoy lista[17] todavía. Necesito seguir con mis estudios. Lo siento." Y Paula comienza a cerrar la puerta.

15- with all my heart
16- I really can't
17- I'm not ready

¡Juan no lo puede creer! "Paula, amiga, sólo quiero que pases una hora conmigo," le dice. "Por favor, conduje[18] toda esta distancia. Vámonos, Paula," ruega Juan.

18- I drove

Paula mira a Juan con compasión, pero no cambia de opinión. Ella se despide de Juan, y Juan monta solito en su moto.

*Preguntas de comprensión:*

*Combine las dos columnas, escogiendo la respuesta correcta de la segunda columna.*
*Combine the two columns, choosing the correct answer from the second column.*

1. ¿Cómo es Juan?
2. ¿Qué le molesta a Juan?
3. ¿Cuánta gasolina usa su carro?
4. ¿Por qué ahorran dinero las motos?
5. ¿Qué cuesta menos que su coche?
6. ¿Qué podrá hacer Juan?
7. ¿Adónde va Juan?
8. ¿Quién toca a la puerta?
9. ¿Cómo mira Juan su moto?
10. ¿Cómo responde Paula a la moto?
11. ¿Adónde quiere ir Juan?
12. ¿Qué estudia Paula?
13. ¿Por qué rehusa salir con Juan?
14. ¿Cuánto tiempo quiere Juan?
15. ¿Cómo le mira Paula a Juan?
16. ¿Cómo sale Juan?

a. visitar más lugares y a más gente
b. al lago
c. una hora
d. Juan
e. frugal
f. solito
g. a la casa de Paula
h. usan menos gasolina
i. tiene un examen mañana
j. el precio de la gasolina
k. orgullosamente
l. la biología
m. mucha
n. la moto
o. con compasión
p. sin mucha emoción

## Lección veintitrés

## El fútbol/Soccer

*Vocabulario:*

equipo- team
está perdiendo- is losing
el partido- the game
la pelota- the ball
patea- kick(s), (v).
atraviesa- crosses, goes across (v).

el guardameta- the goalie
bloquear- to block
alcanza- reaches
mete un gol- scores a goal
los aficionados- the fans
brinca con emoción- jump(s) for joy

*Serie de acciones:*

1. Su equipo está perdiendo el partido.
2. Recibe la pelota.
3. Patea la pelota.
4. La pelota atraviesa el campo.
5. El guardameta trata de bloquear la pelota.
6. El guardameta no la alcanza.
7. ¡Mete un gol!
8. ¡Los aficionados se vuelven locos!
9. Todos están gritando.
10. ¡Brinca con emoción!

*Preguntas de Comprensión:*

1. ¿Su equipo está <u>patinando</u> o está <u>perdiendo</u>?
2. ¿Recibe la <u>pelota</u> o recibe el <u>permiso</u>?
3. ¿<u>Escupe</u> la pelota o <u>patea</u> la pelota?
4. ¿Atraviesa la <u>camilla</u> o el <u>campo</u>?
5. ¿El guardameta trata de <u>bloquearla</u> o trata de <u>bolearla</u>?
6. ¿Mete un <u>gancho</u> o mete un <u>gol</u>?
7. ¿Los aficionados se vuelven <u>lanudos</u> o <u>locos</u>?
8. ¿Están <u>gritando</u> o <u>guardando</u>?
9. ¿Brinca con <u>emoción</u> o con <u>enemistad</u>?

*¡Dramatización!*
*La mascota del Academia Fútbol Club*

*Nuevo vocabulario:*

la cancha- the field

Santiago está jugando al fútbol con su equipo, El Academia Fútbol Club. El Academia Fútbol Club está ganando el partido; no está perdiendo. Alguien le patea la pelota a Santiago. Santiago recibe la pelota y está a punto de patearla cuando de repente, la mascota del equipo entra en el campo y roba la pelota. ¡Santiago no lo puede creer! Estampa el pie y se marcha del campo de fútbol.

*Sí o No:*

1. Santiago está jugando al baloncesto.
2. El Academia Fútbol Club está ganando el partido.
3. Santiago le patea la pelota a alguien.
4. Santiago roba la pelota.
5. La mascota patea la pelota.
6. La mascota entra en el campo y roba la pelota.
7. Santiago no lo puede creer.
8. La mascota estampa el pie.
9. Santiago estampa el pie y patea a la mascota.
10. Santiago se marcha del campo de fútbol.

## Lectura
## La venganza de la mascota/Revenge of the Mascot

Adrián es la mascota del equipo de fútbol El Academia Fútbol Club de Bogotá, Colombia. Adrián había querido[1] ser jugador[2] para el equipo, pero no le permitieron porque su papá trabaja para uno de los patrocinadores[3] del equipo. Por eso, Adrián ha sentido mucha amargura.[4]

Desafortunadamente,[5] Adrián no ha aprendido a controlar estos sentimientos[6] tan negativos. Ha pensado demasiado en la injusticia percibida[7] de la situación. Y Adrián ha esperado hasta la mejor oportunidad para vengarse.[8] Ya que el Academia Fútbol Club juega en el torneo[9] regional, Adrián ha decidido escoger esta ocasión para hacer algo inesperado.[10]

Adrián espera un momento crucial del partido. Ve que Santiago, un jugador que no le gusta a Adrián, ha recibido la pelota y está a punto de patearla. Adrián toma la oportunidad y entra en el campo corriendo. Se acerca a los jugadores sorprendidos[11] y agarra la pelota. Después, huye del campo riéndose locamente. Pero todos los aficionados y los jugadores rechiflan[12] ruidosamente. Aún el guardameta del otro equipo le grita con irritación.

Santiago ve lo que ha sucedido[13] y mira a la mascota con asombro. Santiago piensa en su oportunidad perdida para meter un gol, estampa el pie furiosamente, y persigue a Adrián. Piensa decirle una reprimenda severa[14], pero mientras camina recuerda que "una respuesta amable calma el enojo, pero la agresiva echa leña al fuego."[15Ω] Y Santiago suspira, decidiendo extenderle gracia[16] a la mascota.

Santiago sorprende a Adrián por invitarle a un café cercano para explicarse. Como le habla de una manera tan agradable,[17] Adrián acepta su invitación, y los dos salen para el café juntos.

¿De qué hablan los dos hombres, y cómo les resulta todo? No les voy a decir. ¿Qué opina Ud., estimado lector?[18] ¿Cree que los dos se hacen amigos, o enemigos? ¿Cómo respondería Ud.[19] a la gracia de Santiago?

1- had wanted
2- player
3- sponsors
4- bitterness

5- unfortunately
6- feelings
7- perceived
8- avenge himself
9- tournament
10- unexpected

11- surprised

12- boo

13- has happened

14- severe reprimand
15- "a kind answer calms anger, but an agressive one throws kindling onto the fire"
16- to extend grace
17- pleasant

18- What do you think, esteemed reader?
19- How would you respond

Ω*un proverbio de la biblia*

82

*Preguntas de comprensión:*

1. ¿Quién es Adrián?  (una mascota, un mono, una mosca)
2. ¿De dónde es el equipo El Academia Fútbol Club?  (de Bogotá, de Boston, de Bolivia)
3. ¿Qué había querido Adrián?  (ser guardameta, ser jugador, ser mascota)
4. ¿Por qué no le permitieron jugar?  (a causa de su mosca, a causa de su papá)
5. ¿Quién sentía mucha amargura?  (Adrián, el guardameta, su papá)
6. ¿Cómo eran sus pensamientos (thoughts)?  (aficionados, negativos, positivos)
7. ¿Cómo era especial este partido?  (era un partido regular, era un torneo, había un fuego)
8. ¿Quién había recibido la pelota?  (Adrián, el guardameta, Santiago)
9. ¿Quién iba a patearla?  (Adrián, el guardameta, Santiago)
10. ¿Quién entró en el campo y agarró la pelota?  (Adrián, el guardameta, Santiago)
11. ¿Quién le gritó con irritación?  (Adrián, el guardameta, Santiago)
12. ¿Qué ha perdido Santiago?  (un ombligo, una opinión, una oportunidad)
13. ¿Qué iba a decirle?  (una merienda, una receta, una reprimenda)
14. ¿Qué calma el enojo?  (reprimendas severas, respuestas agresivas, respuestas amables)
15. ¿Qué le extendió Santiago a Adrián?  (galochas, ganchos, gracia)
16. ¿De qué manera le hablaba Santiago a Adrián?  (agradable, agresiva, severa)

# Lección veinticuatro

## Pintando un cuadro mural/Painting a Mural

*Vocabulario:*

reune- gathers (v).
pintar- to paint
un cuadro mural- a mural
un lápiz- a pencil
unos pinceles- some paintbrushes
frascos de pintura- bottles of paint

mueve- moves (v).
los muebles- the furniture
la pared- the wall
dibuja- draws (v).
una escena- a scene
lava- washes (v).

*Serie de acciones:*

1. Reune las cosas que necesita para pintar un cuadro mural.
2. Necesita un lápiz, unos pinceles, y varios frascos de pintura.
3. Mueve los muebles que bloquean la pared.
4. Dibuja una escena en la pared.
5. Abre los frascos de pintura.
6. Pinta la escena.
7. Cierra los frascos y los guarda.
8. Lava los pinceles y los guarda.
9. Admira la escena que ha pintado.
10. Saca una foto de la pared.

*Preguntas de Comprensión:*

1. ¿Reune unas cosas o revela unas cosas?
2. ¿Va a patinar o va a pintar?
3. ¿Necesita patines o necesita pinceles?
4. ¿Necesita frascos de pinguinos o de pintura?
5. ¿Mueve las motos o los muebles?
6. ¿Dibuja una escena o dibuja un espejo?
7. ¿Golpea los frascos o guarda los frascos?
8. ¿Lava los pinceles o llama los pinceles?
9. ¿Admira la escena o se admira en el espejo?
10. ¿Saca una foto o seca una foto?

*¡Dramatización!*
*La pared y el desastre/The Wall and the Disaster*

*Nuevo vocabulario:*

el cuarto- the room
un bebé- a baby
bonita- pretty
satisfechamente- satisfiedly
el desastre- the disaster

Nicolás va a pintar un cuadro mural en el cuarto de un bebé. Reune sus pinceles y unos frascos de pintura y los lleva al cuarto. Dibuja una escena bonita en la pared. Entonces el bebé entra en el cuarto con sus amigos y bloquea la pared.

Nicolás mueve a los niños a otro cuarto, regresa, y comienza a pintar la escena en la pared. Pinta por tres (3) días, seis (6) horas, cuarenta y siete (47) minutos, y cincuenta y dos (52) segundos. Por fin termina el cuadro. Admira su trabajo satisfechamente. Sale del cuarto por nueve (9) minutos para comer un sándwich.

Mientras Nicolás come el sándwich, los bebés entran en el cuarto de nuevo. Toman los pinceles y pintan. Pintan otra escena encima de su escena. También se pintan el uno al otro.

Nicolás regresa al cuarto y ve el desastre en la pared. Se desmaya inmediatamente. Los bebés se ríen y lo pintan.

*Sí o No:*

1. Nicolás va a pintar un cuadro mural en el consultorio del médico.
2. Reune unos pinceles y unos frascos de pintura para pintar el cuarto de un bebé.
3. Dibuja una escena bonita en la pared de un restaurante.
4. Unos bebés bloquean la pared que Nicolás va a pintar.
5. Nicolás mueve a los niños al concesionario de motos.
6. Nicolás pinta por más de tres días.
7. Nicolás nunca termina el cuadro.
8. Nicolás sale del cuarto para comprarse una moto.
9. Nicolás come un sándwich, y los bebés invaden el cuarto.
10. Los bebés no tocan los pinceles.
11. Los bebés se pintan con las pinturas.
12. Nicolás ve el desastre y se desmaya.
13. Los bebés se desmayan también.
14. Los bebés se ríen y pintan a Nicolás.

## Lectura
## El artista visita al médico/The Artist Visits the Doctor

Nicolás se despierta de su desmayo[1] y ve la pintura que le cubre.[2] Hay pintura en los brazos, en el pecho, en la cabeza, en las piernas... El pobre artista examina la pared, se examina a sí mismo,[3] y llora un poco. Está muy descorazonado[4] a causa de su obra[5] destruida, y ve que necesita ducharse[6] desesperadamente también.

1- faint (n).
2- covers (v).
3- himself
4- disheartened; 5- work
6- shower

Lo realmente espantoso[7] ocurre cuando Nicolás entra en la ducha y trata de lavarse. ¡La pintura no se le quita! Nicolás se frota[8] con mucho jabón,[9] pero se lava sin éxito.[10] Se lava por cuatro (4) horas, trece (13) minutos, y cincuenta y dos (52) segundos. Usa todo el jabón, toda el agua caliente,[11] y todo el champú,[12] pero todavía está cubierto de pintura.

7- the really scary (thing)
8- se lava
9- soap; 10- w/o success

11- all the hot water
12- shampoo

Nicolás sale de la ducha, se seca,[13] y se mira en el espejo. Está pintado con muchos colores. El artista comienza a verse con admiración; piensa que el trabajo de los bebés tiene mérito, tal vez.[14] De veras, hay diseños[15] interesantes y aún simetría[16] en la pintura. Nicolás se estudia en el espejo por dos horas, diécinueve minutos, y once segundos. Por fin, se viste y sale del cuarto de baño. Va al teléfono y llama a una famosa escuela de arte para matricular[17] a los bebés.

13- dries off

14- perhaps
15- designs
16- symmetry

17- to enroll

## Preguntas de comprensión:

1. ¿Quién es Nicolás? (un patinador, un pintor, un policía)
2. ¿Qué hace Nicolás? (se despide, se despierta, se duerme)
3. ¿Qué le cubre? (patines, patos, pintura)
4. ¿Dónde está Nicolás? (en un cartón, en una casa, en una cueva)
5. ¿Quién llora un poco? (los bebés, el espejo, Nicolás)
6. ¿Por qué llora un poco? --(Su cabeza, su obra, su simetría) está destruida.
7. ¿Qué necesita hacer Nicolás? (ducharse, examinarse, vestirse)
8. ¿Cuánto jabón usa? (un poco, mucho, todo)
9. ¿Se le quita la pintura? (sí, no, parcialmente)
10. ¿Dónde se mira? (en el espejo, en la esponja, en un cuarto espantoso)
11. ¿Por qué se mira con admiración? --Los bebés tienen (miedo, sueño, talento)
12. ¿Quién(es) pinta(n) con simetría? (los bebés, Nicolás)
13. ¿Por cuánto tiempo se estudia Nicolás? --Por más de (2, 19, 11) horas.
14. ¿Qué quiere hacer Nicolás? --(Matar, matricular, mimar) a los bebés.

# REFERENCES AND BIBLIOGRAPHY

Asher, James J. *Learning Another Language Through Actions*, 5thed. Los Gatos, CA: Sky Oaks Productions, 1996.

Neilson, Joe, and Ray, Blaine. *Mini-Stories for Look, I Can Talk*, Spanish Version, Revised edition. Bakersfield, CA: Blaine Ray, 1997.

Scott, Robb. "Leading Edge of TESOL Comes to Kansas: ELL Educators, SLA Scholars, State and Federal Officials to Meet at KATESOL Spring Conference." *ESL MiniConference Online*, 2003, http://www.eslminiconf.net/dec2003/katesol.html.

Walsh, Molly. "Parents push for foreign language classes." *ACTFL website*, 2005, http://www.actfl.org/i4a/pages/Index.cfm?pageid=3918.

# NOTES

NOTES

12266851R00063

Made in the USA
Monee, IL
23 September 2019